# « La Commune n'est pas morte »

ÉRIC FOURNIER

# « La Commune n'est pas morte »

## Les usages politiques du passé, de 1871 à nos jours

LIBERTALIA

DERNIERS LIVRES PARUS AUX ÉDITIONS LIBERTALIA

JEAN-PIERRE LEVARAY, *Tue ton patron saison 2*
JOHN HOLLOWAY, *Crack Capitalism*
RÉSEAU CITOYENS RÉSISTANTS, *La Force du collectif*
DOMINIQUE VIDAL, *Le Ventre est encore fécond*
DANIEL DEFOE, *Libertalia, une utopie pirate*
MAURICE RAJSFUS, *Je n'aime pas la police de mon pays*
MOGNISS H. ABDALLAH, *Rengainez, on arrive !*
COLLECTIF, *Manifeste des chômeurs heureux*
DANIEL GUÉRIN, *Bourgeois et bras nus*
MATHIEU RIGOUSTE, *Les Marchands de peur*
THIERRY PELLETIER, *Les Rois du rock*

Actualité & catalogue complet : editionslibertalia.com

# INTRODUCTION

La Commune est-elle une aurore ou un crépuscule ? Cette question est désormais rituelle. Jacques Rougerie trancha en 1964 : « Crépuscule, et non pas aurore*. » Pourtant, pendant près d'un siècle, les usages mémoriels dominants ont construit la Commune comme une « aurore » préfigurant les révolutions du XX^e^ siècle. Il est donc une discordance entre l'histoire et les mémoires de la Commune.

Cet écart souligne qu'histoire et mémoire sont deux approches différentes du passé. L'histoire est une science humaine et sociale œuvrant à une lecture la plus complète, objective et impartiale possible du passé. Elle est une construction critique. La mémoire est un usage partiel et partial du passé. C'est ce dont un groupe se souvient ou veut se souvenir. Elle est une construction sociale, affective et souvent politique du passé. La frontière entre histoire et mémoire est cependant poreuse. Elles peuvent être en concurrence ou en complémentarité. Tel est l'objet de ce livre : les usages du passé, les mémoires inévitablement politiques de la Commune de Paris, de 1871 à nos jours, ainsi que ses rapports avec l'histoire de la Commune.

* ROUGERIE Jacques, *Procès des communards*, Julliard, 1964, p. 241. (Afin d'alléger les notes infrapaginales et sauf mention contraire, le lieu d'édition est Paris.)

Comme tout événement retentissant, la Commune crée immédiatement des interprétations très idéologiques, des controverses, de profondes émotions et des légendes – bref des mémoires –, difficilement corrigées par une histoire qui a longtemps peiné à s'affranchir des passions politiques. « Les représentations idéologiques, artistiques et historiques se chevauchent* », résume Robert Tombs, le spécialiste anglais de la Commune. Durant presque un siècle, écrire l'histoire de la Commune était difficile, tant elle était un objet « chaud ». Mais, depuis une quinzaine d'années, dans un contexte politiquement apaisé, la recherche historique connaît un nouveau souffle des plus stimulants. Dans sa conclusion du colloque international de Narbonne en 2011, Robert Tombs rappelle que « l'histoire de la Commune semblait très simple – même trop simple, [mais] les évidences, les certitudes, ne sont pas si évidentes ni si certaines, et justifient toujours des recherches et des interrogations nouvelles ». C'est en effet l'une des fonctions de l'histoire : « Interroger des évidences qui ne sont pas toujours si évidentes**. » Il en ressort aujourd'hui une « compréhension plus nuancée, plus solidement fondée sur la recherche » de la Commune de Paris. Elle fut le crépuscule des révolutions du XIXe siècle, mais un crépuscule incertain, une révolution impromptue, complexe, singulière, foisonnante, utopique, balbutiante…

---

* TOMBS Robert, *The Paris Commune, 1871*, Londres, Longman, 1999, p. 184.
** TOMBS Robert, « Conclusions », dans *Regards sur la Commune de 1871 en France*, colloque de Narbonne, 24-26 mai 2011.

et implacablement réprimée. Pour essayer de rendre intelligible cette complexité, Robert Tombs suggère de la comparer à un carrefour :

> « Comment appeler ce rond-point? Place de la Défense ? Rond-point de l'Année terrible ? Disons carrefour de la Commune. Pour moi, ce carrefour est l'endroit où se croisent plusieurs chemins, larges ou étroits : le boulevard de la République, l'avenue de la Démocratie, mais aussi la rue du Socialisme, la ruelle de l'Association, le passage de la Bohème, le chemin du Féminisme... on peut en ajouter! De toutes ces directions, on arrive au carrefour de la Commune : ce n'est ni le début ni la fin du voyage – sauf, bien sûr, pour les milliers qui y perdent la vie. Pour les survivants, certains vont continuer leur chemin tout droit, peut-être après un crochet par la déportation, la prison ou l'exil. Mais d'autres vont prendre un virage nouveau – dans la rue du Nationalisme, dans l'avenue de la III^e^ République, dans l'allée de l'Anarchisme, même dans le chemin de la Désillusion. Il y a donc beaucoup de parcours possibles, beaucoup de raisons de voyager, et beaucoup de destinations. Chacun de ces parcours a un sens. [...] Il ne peut y avoir une seule explication à tous ces voyages. Mais pendant quelques semaines, de mars à mai 1871, une diversité de gens arrivant de toutes directions se rencontre au carrefour de la Commune : un moment unique, imprévisible, jamais répété*. »

* *Ibid.*

Cette complexité d'une Commune à la croisée des chemins du XIXe siècle autorise dès 1871 une grande plasticité mémorielle. Et des groupes sociaux divers ont investi cet événement aussi tragique qu'utopique de leurs propres attentes, étroitement liées aux enjeux politiques successifs des XIXe et XXe siècles. La mémoire de la Commune est donc plurielle et conflictuelle. Les mouvements révolutionnaires en sont les principaux acteurs : les socialistes dans leur diversité, les communistes, les anarchistes aussi. Il est également une mémoire républicaine. Mais de quelle république parle-t-on : de la république démocratique et sociale telle que la concevaient les communards en un « questionnement libertaire de la démocratie* »? De la république libérale, opportuniste ou radicale de la IIIe République? De la république du temps présent, si différente des deux précédentes? La nébuleuse de l'extrême droite enfin s'en saisit et hésite, dès les années 1880, entre la perpétuation de la mémoire versaillaise et l'appropriation de l'épopée communarde.

De la Semaine sanglante jusqu'au début des années 1970, l'histoire de la Commune a été sous l'influence des usages politiques, avant d'acquérir peu à peu son autonomie. La distance critique des historiens est maintenant suffisante pour autoriser une histoire des mémoires de la Commune. De solides monographies ont déjà défriché cet objet. Ce livre s'efforce de proposer une synthèse de

* ROUGERIE Jacques, « La Commune et la gauche », dans BECKER Jean-Jacques et CANDAR Gilles (dir.), *Histoire des gauches en France. Tome I : l'héritage du XIXe siècle*, La Découverte, 2004, p. 109.

l'état actuel de la recherche, non pour clore ce vaste champ d'études, mais plus modestement pour essayer de le baliser et de suggérer de nouvelles pistes. On sait peu de choses sur la commémoration des différentes Communes de province, ou de la Commune de Paris en province*; peu de chose également sur les usages mémoriels de la Commune de Paris à l'étranger, dont on connaît cependant l'intensité dans les milieux révolutionnaires et dans le monde communiste. Cet ouvrage se concentre donc sur les mémoires de la Commune à Paris.

Trois axes guident ce parcours au milieu des diverses Communes reconstruites. Le premier se penche sur la fabrique de la mémoire. Comment des groupes sociaux dans des contextes déterminés construisent l'événement, lui donnent un sens, sélectionnent ou remodèlent les faits en fonction de leurs attentes? Le deuxième interroge la résonance du passé, son impact et ses effets**. Comment ces diverses représentations d'une insurrection vaincue ont-elles eu une capacité mobilisatrice pour les luttes du présent, notamment lors de crises majeures, comme l'affaire Dreyfus, le 6 février 1934 ou encore Mai 68? L'impact de la Commune est particulièrement fort. Elle est donc aussi « un passé qui ne passe pas ». Or, cette

* Lors du colloque de Narbonne, des communications ont cependant permis de mieux connaître les mémoires de la Commune à Narbonne (Gilbert Gaudin, Xavier Verdejo, Rémy Pech), mais aussi ses échos dans le Morbihan, l'Aveyron ou le Bordelais (Laurent Le Gall, Jacques Freyssange, Jacques Girault). Lors du colloque de Perpignan en 1996, Michel Cadé s'était penché sur les Pyrénées orientales pendant la III^e^ République. Mais ces études de qualité ne traitent que rarement du XX^e^ siècle.

** Mazeau Guillaume, *Le Bain de l'histoire. Charlotte Corday et l'attentat contre Marat (1793-2009)*, Seyssel, Champ Vallon, 2009, p. 29.

expression de l'historien Henry Rousso concerne la Seconde Guerre mondiale, un événement bien plus traumatique que la Commune. Il est cependant particulièrement troublant de constater qu'il a fallu une cinquantaine d'années pour que la mémoire de cette guerre s'apaise* contre un siècle pour la Commune. Cette puissante résonance du passé ouvre le troisième axe. Le fait que les usages mémoriels de la Commune soient si importants semble rétrospectivement évident. Or cette évidence aussi doit être déconstruite en envisageant les possibles non advenus. Les mémoires de cette insurrection auraient pu emprunter d'autres chemins, d'autres lieux, d'autres motifs, peut-être même d'obscures ruelles mémorielles. Aurait-elle pu ne pas exister ou être un fantôme évanescent, semblable dans son intensité à celle d'autres révolutions du XIXe siècle plus vite oubliées, comme juin 1848 notamment? Cette démarche plaide pour une approche défatalisée du passé. Rien n'est joué d'avance, et l'histoire est un antidote à la résignation. Pour ce faire, nous nous appuierons sur l'un des plus stimulants chantiers historiographiques actuels, celui de l'histoire contrefactuelle, forme historienne et scientifique de l'uchronie**.

Et pourtant ces mémoires ont eu lieu, se sont déployées dans l'espace public. De 1871 à 1917, c'est le temps des

* Le discours de Jacques Chirac au Vél' d'Hiv' en 1995 étant considéré comme le tournant où l'État reconnaît pleinement la responsabilité des autorités et de l'administration françaises dans les crimes «irréparables» de l'Occupation.
** DELUERMOZ Quentin et SINGARAVELOU Pierre, « Explorer le champ des possibles. Approches contrefactuelles et futurs non advenus en histoire », *Revue d'histoire moderne et contemporaine*, 2012.

mémoires immédiates, des mémoires vives, tout d'abord parce que nombre d'acteurs de cette guerre civile sont encore vivants. Ces mémoires en construction apparaissent comme la continuation du combat par d'autres moyens, comme un affrontement de violents stéréotypes – communards contre versaillais – qui façonne durablement la mémoire de la Commune au XX$^{e}$ siècle. Ce temps matriciel, où l'histoire et les mémoires de la Commune s'élaborent dans la continuité de l'événement, justifie une attention particulière. Puis, de 1917 à 1971, la Commune s'impose comme « une grande lueur à l'Ouest ». Cette expression énigmatique fait écho à la formule de Jules Romains, « cette grande lueur à l'Est », qui désigne l'URSS. En effet, les communistes regardent la Commune comme une référence, une « grande lueur », mais à l'ouest de Moscou. Les usages mémoriels dominants sont alors le fait du communisme, avec une intensité plus particulière en France. L'expression « grande lueur » n'est pas galvaudée, car jamais l'expression de la mémoire n'est aussi forte et, définitivement, la Commune est montrée comme une «aurore» révolutionnaire. Enfin, de 1971 à nos jours vient le temps de l'apaisement des mémoires, mais aussi du déclin des usages politiques de la Commune, un déclin cependant relatif. Car le feu de l'actualité politique attise encore les cendres mémorielles de l'insurrection communaliste. La Commune est devenue un fantôme, certes, mais qui parfois ressurgit sous des formes aussi variées que fugitives, comme celle d'un sphinx libertaire ou, tout au contraire, comme une chimère nationaliste.

CHAPITRE I

# MÉMOIRES VIVES (1871-1917)

## LA MÉMOIRE VERSAILLAISE (1871-1877)

Le 28 mai 1871, la fin des combats ne sonne pas la fin des hostilités. Les versaillais vainqueurs, ayant désormais le monopole de la parole, achèvent d'accabler les insurgés en une remarquable continuité avec le temps de la guerre civile. Cette violence symbolique s'amplifie même après la Semaine sanglante. La mémoire versaillaise se déploie à l'ombre des tribunaux militaires, et nombre d'écrivains – mais aussi des photographes, des caricaturistes, et même quelques chansonniers – se font les auxiliaires du retour à l'ordre, accentuant encore la violence d'un discours officiel conservateur sinon réactionnaire, notamment celui de l'Ordre moral, catholiques intransigeants dont l'idéologie influence les autorités jusqu'en 1877. Au-delà de ces édifiants discours vengeurs, les partisans de l'Ordre moral œuvrent à l'édification de monuments expiatoires au cœur du Paris révolutionnaire. Mais la mémoire versaillaise est paradoxale. Si les crimes de la Commune ne doivent jamais être oubliés, les communards eux-mêmes doivent *in fine* subir le pire des châtiments mémoriels : la *damnatio memoriae*. Leur nom doit être proscrit, leur existence effacée.

*Un discours vengeur ou les plumes de Némésis*

Le violent discours des *Écrivains contre la Commune**, étudié par Paul Lidsky, se met en place dès la guerre civile pour être ensuite repris avec constance pendant près d'une décennie. De 1871 à 1873, presque 300 livres, des milliers d'articles de presse, des centaines de caricatures ou de photographies exposent les représentations versaillaises. Cette mise en forme frénétique de la mémoire des vainqueurs est portée par des écrivains renommés (Théophile Gautier, Alphonse et Léon Daudet, George Sand) ou d'obscurs polygraphes et apparaît comme une véritable aubaine éditoriale, activement exploitée par de célèbres libraires comme Dentu ou Lachaud. De nombreux écrivains en quête de reconnaissance s'essayent au récit de la guerre civile, qui permet de mêler le genre de la fresque historique grandiose empreinte de romantisme à celui de l'analyse des drames contemporains parsemée de quelques considérations métaphysiques ; tout en se permettant une grande liberté de ton, où l'éructation côtoie l'érudition. L'exemple le plus connu d'écrivain accédant à la consécration absolue par le récit terrible et monumental, flamboyant et partial, de la Commune de Paris est Maxime Du Camp qui, grâce à ses *Convulsions de Paris***, est élu à l'Académie française en 1880. Lissagaray commente avec acuité cette fièvre éditoriale :

* Lidsky Paul, *Les Écrivains contre la Commune*, Maspero, 1970 (réédition La Découverte, 2010).

** Du Camp Maxime, *Les Convulsions de Paris*, Hachette, 1878-1881, quatre volumes.

> « La haute et la basse pègre littéraire avaient trouvé dans la Commune un filon fort lucratif et l'entretenaient savamment. Pas de goujat des lettres qui ne bâclât sa brochure, son livre, son histoire. [...] Les éditeurs ne voulaient que du communard [...]. Ces écritures souvent obscènes titillaient les cervelles bourgeoises. [...] Ainsi fouettés de haine, les conseils de guerre, la commission des grâces poussaient toujours*. »

Telles sont les deux fonctions de la littérature versaillaise : assurer la promotion des écrivains et, surtout, légitimer et encourager la répression versaillaise en transformant l'utopie communarde en un exemplaire conflit de classes; plus encore en une récapitulation de toutes les barbaries, une apocalypse rouge, un mal métaphysique inouï.

Les communards sont souvent vus comme des figures terrifiantes du monde ouvrier, aux défauts amplifiés et aux qualités professionnelles dénaturées. Décrivant l'incendie de la capitale, considéré comme le pire crime des insurgés avec l'exécution des otages, Paul de Saint-Victor, l'un des plus représentatifs écrivains versaillais, voit une « horrible contrefaçon de l'atelier appliquée à cet incendie méthodique qui avait ses ouvriers, ses chauffeurs et ses contremaîtres** ». De nombreux récits dépeignent des fédérés soucieux du bel ouvrage, employant leur force de travail à

---

* Lissagaray Prosper-Olivier, *Histoire de la Commune de 1871*, La Découverte, 1996 (édition originale, 1896), p. 424.
** Saint-Victor (de) Paul, *Barbares et bandits. La Prusse et la Commune*, M. Lévy-librairie nouvelle, 1871, p. 253.

détruire au lieu de produire*. Le caricaturiste Cham imagine même un conflit du travail – une pétroleuse observant son œuvre s'exclame révoltée : « Voleurs ! M'avoir fait faire tout ça pour 10 francs !** » Considérer les fédérés non comme des barbares ou une meute animale, mais comme des ouvriers appliqués, permet aussi de les rendre pleinement responsables de leurs actes devant la justice.

Mais la démesure des événements s'accorde mal avec le cadre étriqué de l'atelier. Plus qu'un conflit de classes, cette guerre civile est une lutte de la civilisation contre la barbarie. Réduire les ouvriers à des barbares de l'intérieur est une invention du XIXe siècle qui atteint ici une intensité inédite. Les fédérés sont souvent assimilés à de dangereux étrangers :

> « L'Internationale, cette franc-maçonnerie du crime [...], trônait et régnait à l'Hôtel de Ville. Elle avait recruté les routiers et les malandrins de l'Europe entière. Des faussaires polonais, des *bravi* garibaldiens, des pandours slaves, des agents prussiens, des flibustiers *yankee****, cavalcadaient en tête de ses bataillons. [...] Paris était devenu l'égout collecteur de la lie et de l'écume des deux mondes****. »

* *Le Gaulois*, 29 mai 1871, DAUDET Ernest, *L'Agonie de la Commune, Paris à feu et à sang (24-29 mai 1871)*, Lachaud, 1871, p. 69 et Anonyme, *Les Pétroleuses ou les femmes incendiaires. Jugement et condamnation par le Conseil de guerre*, Morris, 1871, p. 3.
** CHAM, *Les Folies de la Commune*, au bureau de *L'Éclipse*, 1871, planche 9.
*** Il s'agit vraisemblablement d'une référence à Cluseret, qui combattit dans l'armée nordiste lors de la guerre de Sécession et obtint le grade de général.
**** SAINT-VICTOR (de) Paul, *Barbares et bandits*, *op. cit.*, p. 248-249.

La presse, dès la fin des combats, insiste également sur ces « hordes sauvages que tous les bouges de l'Europe avaient vomi sur notre sol* ». Transformer la Commune de Paris en un pandémonium cosmopolite permet de dénier aux insurgés tout patriotisme et de les substituer aux Prussiens, contre lesquels ils furent pourtant les derniers à résister.

Les fédérés viennent certes du monde entier, mais ils sont surtout une récapitulation de toutes les barbaries historiques. Paris devient un creuset infernal, où les plus terribles figures de l'Histoire ressuscitent et s'amalgament pour former une horreur inédite. Reconstituer la généalogie criminelle des communards devient un impératif : « Aux lueurs de l'incendie de Paris, le monde a pu voir combien la tyrannie et la démagogie se ressemblent. Néron, à travers les siècles, y passait sa torche à Babeuf », écrit Paul de Saint-Victor. Et Maxime Du Camp de conclure : « C'est la postérité de Caïn. »

Les communards deviennent donc l'incarnation contemporaine d'un mal métaphysique existant depuis l'aube de l'humanité**. Ils sont même assimilés à des monstres. La figure totalement fantasmatique de la pétroleuse en constitue l'exemple le plus achevé. Parfois jeune et belle, souvent dépoitraillée et échevelée – signe évident de mœurs dissolues –, les traits déformés par la rage, elle parcourt inlassablement la ville, traînant derrière elle sa

* *Le Gaulois*, 27 mai 1871. Voir aussi *Le Petit Journal*, 28 mai 1871.
** LIDSKY Paul, *Les Écrivains contre la Commune*, *op. cit.*, p. 46-54.

progéniture et n'ayant de cesse d'incendier Paris. Ses seules armes sont la torche et un bidon de lait rempli de pétrole*. Symbolisant la transgression absolue de l'identité féminine, elle entre comme une furie impudique dans la sphère de la violence politique, pervertit ses propres enfants, auxquels elle enseigne sa rage destructrice, et dévoie les hommes en leur montrant l'exemple. La pétroleuse nie la fonction sociale alors assignée aux femmes : modérer la violence politique masculine. L'insistance, dans les récits et l'iconographie, sur les bidons de lait remplis de pétrole souligne la métamorphose hideuse de la mère, abandonnant le rôle sacré de la femme nourricière au profit de la folie incendiaire. Dans nombre d'images, les pétroleuses ont un visage si déformé par la rage qu'il cesse presque d'être humain; dans quelques-unes, il est explicitement démoniaque**.

Des barbares, des monstres, des démons : les communards sont marqués du sceau de l'*hybris*, de la démesure antique. Ils pourraient donc être dotés de la sombre grandeur du mal et susciter la fascination. Imitant l'*hybris* des Néron et autres Érostrate, les communards restent pourtant irrémédiablement marqués par la médiocrité propre à leur origine sociale. Leur attitude n'est qu'une sinistre contrefaçon de la démesure antique. Qualifiés « d'Érostrate de banlieue » ou de « Sardanapale ivres de vitriol*** », ils ne peuvent s'extraire

* Anonyme, *Les Pétroleuses ou les femmes incendiaires. Jugement et condamnation par le Conseil de guerre, op. cit.*, frontispice : *Galignani's Messenger*, 2 juin 1871. Pour une analyse plus complète, voir THOMAS Édith, *Les Pétroleuses*, Gallimard, 1963, p. 181-200.

** ROCHEBRUNE (de) Octave, *Le Crime*, eau-forte, 1871 ; RAUDNITZ Jules, *Le Sabbat rouge*, saynètes stéréoscopiques, 1871.

*** MENDÈS Catulle, *Les 73 Journées de la Commune*, Lachaud, 1871, p. 316.

de leurs manières faubouriennes, y compris dans leur démesure, causée par l'excès d'alcool plus que par la force de la volonté : « Une vapeur d'alcool flottait sur l'effervescence de la plèbe. La bouteille fut un des "instruments de règne" de la Commune. [...] Il y avait du *delirium tremens* dans la furie de leur résistance », écrit Paul de Saint-Victor*. Ainsi les insurgés sont-ils décrits sous le signe contradictoire de la démesure la plus criminelle et de la médiocrité la plus sordide. Renvoyer les insurgés au «ruisseau» ouvre aussi la voie à leur *damnatio memoriae*. Les écrivains versaillais agissent alors comme de véritables «Furies» antiques, comme le bras armé de Némésis, la déesse de la juste vengeance qui châtie implacablement ceux dont l'*hybris* a bouleversé l'ordre des choses**. En définitive, les véritables Furies à l'œuvre dans cette affaire ne sont pas d'imaginaires pétroleuses, mais des plumes bourgeoises.

Cette vulgate versaillaise accumulant les fantasmes et les contre-vérités, incapable de saisir ce qui s'est réellement joué lors de la Commune, est dominante avant d'être peu à peu nuancée ou contredite à partir des années 1875. Elle se diffuse bien au-delà des groupes conservateurs ou réactionnaires, et les neutres, comme Hugo, restent assez minoritaires. Cependant, les pratiques expiatoires sont, elles, le fait exclusif des plus fervents zélateurs de l'Ordre moral.

---

* SAINT-VICTOR (de) Paul, *Barbares et bandits*, *op. cit.*, p. 249.

** L'historien Pierre Grimal définit ainsi les Furies, version latine des Érinyes de la mythologie grecque : « Protectrices de l'ordre social, elles châtient tous les crimes susceptibles de le troubler, et aussi la démesure, l'*hybris*, qui tend à faire oublier à l'homme sa condition de mortel. [...] Par elles s'exprime la conception fondamentale en un ordre du monde qui doit être protégé contre les forces anarchiques. » Voir GRIMAL Pierre, *Dictionnaire de mythologie grecque et romaine*, PUF, 2002, p. 146.

En ce crépuscule du premier XIXe siècle, Paris n'est pas considéré, loin s'en faut, comme une ville anodine, mais comme le tissu urbain le plus symbolique, le plus porteur de sens et de promesses, le plus fondateur du temps. La « poésie de Paris », finement étudiée par Pierre Citron, en fait « un monde », qui est tour à tour « abrégé de l'univers ; asile des libertés, centre des voluptés et des arts* ». En 1867, à l'occasion de l'Exposition universelle, Hugo résume avec lyrisme les représentations gravitant autour de la « capitale du XIXe siècle** » : « L'effort partout dispersé se concentre sur ce point unique [...]. Paris est sur toute la terre le lieu où l'on entend le mieux frissonner l'immense voilure du progrès***. » Ces exaltations lyriques doivent cependant être nuancées. Une forme conflictuelle de modernité politique s'exprime aussi, et Paris s'impose incontestablement comme le « bivouac de la révolution », selon la belle formule de Jules Vallès. Enfin, les catholiques intransigeants fustigent le Paris cosmopolite de la « fête impériale » en le comparant à la Babylone biblique.

Les partisans de l'Ordre moral s'emparent de ces deux derniers thèmes et entendent purifier une capitale souillée sous la Commune par d'importantes cérémonies expiatoires. De nombreuses messes sont ainsi célébrées

* CITRON Pierre, *La Poésie de Paris dans la littérature française de Rousseau à Baudelaire*, Minuit, 1961, vol. I, p. 116.
** BENJAMIN Walter, *Paris, capitale du XIXe siècle. Le livre des passages*, Cerf, 1989.
*** HUGO Victor, « Préface », dans *Paris-guide*, Louis Ulbach, 1867, p. 16.

dans tout Paris, dès 1871, pour reprendre possession d'églises que les communards avaient souvent transformées en clubs. Mais de telles pratiques ne constituent pas une construction mémorielle durable. Ils s'efforcent donc d'imprimer leur marque dans le tissu urbain, espérant ainsi effacer ou supplanter les lieux de mémoire révolutionnaires. L'entreprise est immense, les réalisations finalement assez peu nombreuses, sans doute du fait que l'Ordre moral au sens strict n'est au pouvoir que quelques mois (1873-1874). De plus, le Paris de la « fête impériale » aspire à renaître dès la fin des combats et les ultracatholiques se retrouvent isolés au sein de la cité. L'usage des ruines de la Commune par les Parisiens le met en évidence. Deux cent trente-huit bâtiments ont été incendiés par les communards. Conserver quelques ruines édifiantes aurait pu constituer la fondation d'une monumentalité expiatoire – et la question s'est posée en 1871. Mais les observateurs constatent que la majorité des visiteurs des ruines est guidée par une motivation esthétique – cette « poétique des ruines » qui triomphe au XIX^e^ siècle – ou plus simplement récréative. On observe même quelques touristes anglais au milieu des badauds et des flâneurs*.

Confrontés à cette volonté de voir renaître le Paris de l'avant-guerre, les ultracatholiques ambitionnent d'écrire une nouvelle page de l'histoire des lieux parisiens. À l'exception notable de la basilique du Sacré-Cœur de Montmartre,

* FOURNIER Éric, *Paris en ruines. Du Paris haussmannien au Paris communard*, Imago, 2008.

il s'agit d'initiatives privées, peu nombreuses et de faible ampleur. Les otages exécutés par la Commune concentrent les efforts de cette micromonumentalité. En 1872, une plaque en marbre de deux mètres de hauteur est apposée rue de la Roquette, où furent tués l'archevêque de Paris monseigneur Darboy et six autres personnes. Elle porte comme inscription : « Respect à ce lieu / qui a été consacré par la mort / des nobles et saintes victimes / du 24 mai 1871. » Rue Haxo – lieu de la mort d'une cinquantaine d'otages, des gardes de Paris et des ecclésiastiques notamment –, un pèlerinage est organisé en mars 1872 sous la houlette du marquis d'Audiffret et avec la bienveillante indifférence de la police, qui note le dépôt d'un grand nombre de couronnes mortuaires, suivi de la pose d'une grille en fer le long du mur de l'exécution ainsi sanctuarisé. Cette mise en scène se conclut d'une inscription programmatique : « Œuvre expiatoire du massacre des otages / édification d'un monument religieux. » Peu de temps après, le portail de la villa est orné de l'inscription « villa des otages » et une plaque en marbre blanc est posée sur le mur avec l'inscription (en latin) : « Jésus, en ce lieu le jour du 26 mai 1871 ont été sauvagement exécutés de façon impie, en haine du droit, de la religion et de la paix* », suivie du nom des victimes**. Dans ces deux lieux s'expriment pleinement une certaine mémoire versaillaise. Les communards, assimilés au mal absolu, ne sont même pas nommés.

* « *IHS / Hoc loco die 26 mai 1871/ impie trucidati sunt/ odio juris religionis et pacis.* » Merci à Tristan Isaac pour sa fine traduction de cette épigraphie.

** Braconnier Céline, *Improbable cité, Paris et la transition démocratique au début de la Troisième République*, thèse d'histoire, Paris-I, Pierre Birnbaum (dir.), 1997, vol. I, p. 220-224.

Seuls restent leurs crimes. Mais l'essentiel est ailleurs. Ces lieux d'expiation opèrent un transfert victimaire. La répression versaillaise fut incontestablement plus violente qu'une terreur communarde longtemps restée à l'état de menaces ou d'exhortations, avant de se concrétiser timidement dans les circonstances tragiques de la Semaine sanglante. Ces deux micromonuments ambitionnent cependant de faire des victimes de la Commune les seuls martyrs possibles. Le monument dédié aux généraux Thomas et Lecomte, sommairement exécutés par les fédérés le 18 mars, s'inscrit aussi avec force dans cette perspective. Édifié à l'initiative de l'État au bout de l'allée centrale du Père-Lachaise, il est inauguré le 12 décembre 1876, lorsque les dépouilles des deux premières victimes versaillaises de la guerre civile sont transférées en grande pompe du cimetière de Montmartre. Le monument commémoratif, en forme de pyramide tronquée, expose deux palmes du martyr encadrant une allégorie féminine de la France. À sa ceinture, deux blasons brisés rappellent la perte de l'Alsace et de la Lorraine. Cette figure guerrière d'allure médiévale foule à ses pieds l'hydre de l'anarchie [illustration I, voir en annexes], évocation vague d'une Commune discrètement associée à la Prusse dans les malheurs de « l'année terrible* ». Par ce monument plus patriotique que religieux, la République incertaine du mitan des années 1870 honore l'armée et attribue à la Commune la responsabilité d'avoir ouvert les hostilités en mettant en

* Tillier Bertrand, *La Commune de Paris. Révolution sans images? Politique et représentations dans la France républicaine (1871-1914)*, Seyssel, Champ Vallon, 2004, p. 417.

avant le crime fondateur de l'insurrection. Enfin, tous ces lieux de mémoire versaillais sont placés au cœur d'un Paris populaire que certains redoutent encore insurrectionnel.

Il en est de même du Sacré-Cœur, le plus massif héritage de l'Ordre moral dans l'espace parisien, tout entier consacré à l'expiation des crimes de la Commune, et, plus encore, de toutes les révolutions depuis 1789*. En effet, Louis XVI vouait un culte privé au Sacré-Cœur**, le priant pour son rétablissement comme roi de droit divin. Au XIXe siècle, ce culte est associé au monarchisme réactionnaire puis, sous le second Empire, à la défense des États pontificaux également. En 1870, Alexandre Legentil, un notable parisien ayant fui à l'annonce de la marche des Prussiens sur Paris – un « franc-fileur » selon la terminologie des défenseurs de la capitale –, fait le vœu de construire à Paris un « sanctuaire dédié au Sacré-Cœur [si] Dieu sauve Paris et la France, et délivre le souverain pontife ». En février 1871, le très conservateur pape Pie IX lui accorde sa bénédiction, légitimant ainsi ce pieux projet. Le 19 mars 1871, Legentil publie un argumentaire détaillé qui se révèle, note avec humour David Harvey, « fortuitement prophétique » : « Paris fût-il réduit en cendres, nous voudrions encore sur ces ruines avouer nos fautes nationales et proclamer la justice de Dieu. » En 1872, monseigneur Guibert, le nouvel

* Sur le Sacré-Cœur, se référer à Harvey David, *Paris, capitale de la modernité*, Les Prairies ordinaires, 2012, p. 491-522.

** Le culte du Sacré-Cœur de Jésus, mêlant mysticisme, doux repentir et volonté d'expiation ou de réparation, se développe à partir du XVIIe siècle.

archevêque de Paris, relance le projet avec le soutien du Vatican. S'ensuit une vigoureuse campagne de collecte de fonds qui permet de récolter un million de francs à la fin de cette année. Mais où construire le monument expiatoire? Legentil souhaitait l'ériger sur le site de l'Opéra Garnier, dont la seule façade, inaugurée en 1867, avait suscité l'ire des ultracatholiques*. Monseigneur Guibert préfère le site de Montmartre, à l'endroit précis où furent tués Thomas et Lecomte, seul lieu d'exécution dépourvu de signes expiatoires à cette date. Mais le terrain appartient à l'État, qui envisage une installation militaire, une Bastille moderne menaçant en permanence le nord parisien. En 1873, le maréchal Mac-Mahon, soutenu par les monarchistes, remplace Thiers comme chef du gouvernement. L'Ordre moral est au pouvoir. Le projet du Sacré-Cœur en devient l'un des emblèmes, il est déclaré d'utilité publique. En 1875, la première pierre est posée, sans incidents. La basilique n'est cependant ouverte au culte qu'en 1897, après moult péripéties sur lesquelles nous reviendrons. Sur le dôme de l'abside est exposé le credo de l'Ordre moral : *Gallia poenitens* (« France repens-toi »). À nouveau les communards ne sont pas nommés, mais seulement réduits à un crime global.

---

* Ce sont notamment les statues de Carpeaux, considérées comme particulièrement indécentes, qui firent scandale à leur dévoilement en 1869. Une campagne publique très violente (incluant des tentatives de vandalisme) oblige l'empereur à ordonner leur remplacement, qui n'est pas effectué du fait de la guerre de 1870. (Tulard Jean [dir], *Dictionnaire du second Empire*, Fayard, 1995, p. 234.) En 1871, Louis Veuillot, chef de file des catholiques intransigeants, imagine que ces statues s'animent en une joie païenne pour fêter la chute de la colonne Vendôme, associant ainsi la « fête impériale » et la Commune (*L'Univers*, 20 mai 1871).

*Damnatio memoriae*

Si le déferlement du discours versaillais est aujourd'hui bien connu, peu de travaux se sont penchés (à l'exception de Bertrand Tillier dans *La Commune de Paris. Révolution sans images?*) sur l'une de ses finalités : rejeter la Commune dans les limbes mémorielles. La plupart des versaillais sont pétris de cette culture latine qui constitue un signe évident de distinction sociale et qu'ils exposent comme un bouclier dérisoire face à la modernité. Ils sont donc parfaitement conscients que la *damnatio memoriae** est une arme mémorielle de destruction massive, adaptée à la démesure des événements. De plus, une telle posture peut s'accorder avec la volonté républicaine d'apaisement dans l'oubli, qui s'affirme peu à peu. Cette œuvre d'oblitération est menée par une grande diversité d'acteurs en une multitude de pratiques que nous avons déjà en partie soulignées, que ce soit la violence d'un discours qui tend vers l'indicible ou les monuments expiatoires réduisant les insurgés à un spectre incertain. Les usages des ruines parisiennes en sont une autre. Les foules qui les visitent, les écrivains qui s'extasient sur leur beauté ou les photographes qui traquent le détail pittoresque s'efforcent d'oublier la Commune en s'immergeant paradoxalement dans les décombres. Les fantômes des communards incendiaires

* La damnation de la mémoire était un châtiment politique exceptionnellement grave infligé par le sénat romain aux pires ennemis de l'État. Elle frappa les personnages les plus controversés, et donc les plus connus au XIXe siècle, tels Caligula ou Néron. Après leur mort, leur nom était effacé des monuments, leurs statues renversées ou martelées et leur anniversaire déclaré jour néfaste. Par cette dernière mesure, la damnation de la mémoire se distingue d'un effacement complet.

sont expulsés des ruines par un intense effort d'érudition et d'imagination mêlées qui construit des ruines pompéiennes sur des décombres parfois encore fumants, renvoyant ainsi fictivement la destruction à des temps immémoriaux. La beauté de ces ruines incongrues est attribuée non aux communards, mais à des forces chtoniennes, le feu en premier lieu, imitant la lente patine du temps*. Exposant l'horreur d'une Commune dantesque sans souffler mot des insurgés, les nombreuses photographies des ruines parisiennes** font partie des rares thèmes autorisés par la commission de censure. Mise en place par les lois de décembre 1871, renforcée par celle de novembre 1872 et ne cessant réellement au sujet de la Commune qu'en 1881 avec la loi globale sur la liberté de la presse, la censure interdit pendant presque dix ans de s'exprimer sur la Commune, même sous forme allusive, sauf à l'honnir résolument. De surcroît, la très rapide élision des traces des combats par des autorités signifiant ainsi leur capacité à restaurer l'ordre ne peut que favoriser un effacement des mémoires par la disparition des paysages nés durant l'insurrection. À la mi-juin 1871, toutes les barricades ont été déblayées et les cadavres entassés dans des fosses communes. Dans le même mouvement, les chantiers de déblaiement des ruines les masquent aux yeux des Parisiens. L'État cache hâtivement ces « palais morts dans des niches de planches », pour reprendre l'expression de Rimbaud***. « Circulez, il n'y a plus

* FOURNIER Éric, *Paris en ruines, op. cit.*

** Les clichés des ruines parisiennes représentent environ un tiers des photographies recensées au dépôt légal en 1871.

*** RIMBAUD Arthur, « Paris se repeuple ou l'orgie parisienne », dans *Œuvres complètes*, « Bibliothèque de la Pléiade », Gallimard, 1979.

rien à voir » devient le mot d'ordre implicite des acteurs étatiques du retour à l'ordre.

L'effacement peut prendre des formes bien plus brutales. Les morts de la Semaine sanglante n'ont aucun droit à une sépulture décente. Inhumés dans les fosses communes des cimetières du Père-Lachaise, de Montparnasse ou de Montmartre essentiellement, ils doivent littéralement disparaître afin d'empêcher l'expression d'un culte, fût-il strictement privé. Le sort réservé à la dépouille de Charles Delescluze est exemplaire. Les versaillais l'inhument secrètement dans la fosse commune du cimetière de Montmartre, donc loin du lieu de sa mort héroïque, dans l'anonymat le plus implacable, interdisant ainsi à sa sépulture de devenir un lieu de mémoire possible*. Plus globalement, la censure interdit jusqu'à la mention du mot «Commune» sur les tombes des anciens insurgés qui décèdent après 1871.

La mémoire versaillaise incontestablement dominante pendant les années 1870 culmine lorsque l'Ordre moral accède au pouvoir. La Commune semble destinée à rester dans la postérité comme un moment d'une barbarie inouïe ou vouée à un effacement infamant. Du côté des républicains modérés qui s'affirment à partir de 1875, les fédérés ne peuvent guère espérer mieux qu'un oubli méprisant et suspicieux. Les vaincus ne rendent pourtant pas les armes dans cet affrontement symbolique et, immédiatement après la défaite, s'opposent aux versaillais en un murmure qui s'accroît.

* TOMBS Robert, « How Bloody was la Semaine Sanglante ? A revision » *H-France Salon*, vol. III, n° 1, p. 1-13, février 2011.

*Le temps des murmures*

Condamné à six mois de prison pour sa participation à la Commune, obligé de payer à ses frais la restauration de la colonne Vendôme – alors que son rôle fut mineur dans cette affaire –, Gustave Courbet est, en 1872, un homme accablé. Le chef de file du réalisme pictural présente alors au public des natures mortes figurant des truites piégées et agonisantes. Les spectateurs ne s'y trompent pas : « J'y trouve des souvenirs de la Commune de Paris », conclut un critique*. L'interprétation métaphorique de ce tableau est en effet assez aisée. Ces œuvres symbolisent l'agonie de l'insurrection ou, plus explicitement encore, l'homme traqué et mis à mort dans *Les Trois Truites de la Loue* – qui exposent des poissons saignants et mourants dont deux sont pendus dans une attitude anthropomorphique. C'est ainsi que celui qui avait choqué avec *Un enterrement à Ornans* en est réduit à peindre l'enterrement de la Commune. On a connu Courbet plus explicite. La censure n'explique pas tout. Les désillusions de la défaite et le traumatisme de la répression pèsent sur les anciens insurgés mais échouent à les faire taire. Au silence exigé par les autorités répond souvent un sourd refus, un murmure, un bruissement, dont les truites de Courbet sont une illustration picturale**. Ces truites sont mourantes mais pas encore mortes.

---

* TILLIER Bertrand, *La Commune de Paris. Révolution sans images ?, op. cit.*, p. 289.
** *Ibid.*, p. 288-291.

Dans la France entière, une mémoire clandestine se forme et s'exprime, jouant avec la censure, notamment dans des banquets républicains. L'opposition à l'Ordre moral et à ses velléités de restauration monarchiste associe Commune et république dans de larges cercles radicaux gambettistes, avec une intensité particulière dans le Midi rouge. Dans cette région, où la Commune est associée avec force à une république qui ne peut être que sociale, on loue le fédéralisme proclamé de l'insurrection. Ces commémorations clandestines se font en mars et non en mai, préférant se remémorer l'espoir et la fête plus que le deuil et la défaite*. Insister sur le mois de mars est peut-être aussi une riposte à l'offensive symbolique des versaillais, dont la monumentalité expiatoire insistant sur la mort de Thomas et Lecomte met la journée du 18 mars au premier plan.

Dans les banquets, ou ailleurs, cette mémoire clandestine peut être diffusée par des chansons. Certains des plus célèbres chansonniers du temps participèrent à la Commune et furent inspirés par elle. Des chansons associent résistance patriotique et bravoure populaire, d'autres traitent des événements eux-mêmes, telles *Le 18 mars : peuple et soldat*, signée LB, *Paris et son peuple* de Guillaume de Budt, *Mouvement du 18 mars* de Ferré Léger, ou encore *Le Chant de l'Internationale*, paroles de Paul Burani sur une musique d'Antonin Louis, qui fut porté par la Commune à la présidence de la Fédération artistique :

---

* Rebérioux Madeleine, « Le mur des Fédérés », dans Nora Pierre (dir.), *Les Lieux de mémoire*, Gallimard, 1984, vol. I, p. 620-622.

« Le travail ne veut plus d'entraves ;
Plus de veau d'or, plus d'exploiteurs,
Le Capital n'est qu'un esclave,
Le vrai roi, c'est le travailleur. »

De toutes ces chansons composées sous la Commune, l'une des plus emblématiques est *La Semaine sanglante*, écrite par Jean-Baptiste Clément alors qu'il se cache pour éviter les pelotons d'exécutions. Après la défaite, des chansons clandestines circulent et traitent sans détour des événements, comme *La Lutte, chant communeux*, publiée à Bruxelles en 1872 ou *La Complainte de Rossel*, une chanson de colportage. D'autres, en nombre croissant, appellent à l'amnistie*. Outre ces chansons communardes immédiatement interdites par la censure, « le Paris des chansonniers qui écrivent au lendemain de la Commune reste fondamentalement démocratique : celui d'un peuple épris de liberté, courageux et qui n'hésite pas à risquer sa vie pour défendre ses droits et sa patrie. Un Paris très républicain qui, s'il semble avoir oublié la Commune, se souvient en revanche très bien des méfaits de l'Empire et de la monarchie dont il redoute la restauration », note Philippe Darriulat. De tels thèmes ne sont certes pas explicitement communards, mais ils évoquent à bien des égards les valeurs de cette insurrection et ses

* Sur les chansons de la Commune, se référer à BRÉCY Robert, *La Chanson de la Commune*, Éditions ouvrières, 1991, et à DARRIULAT Philippe, « Ça branle dans le manche : chanter les Communes pour justifier l'événement et construire sa mémoire », « Regards sur la Commune de 1871 en France », colloque de Narbonne, 24-26 mai 2011.

partisans peuvent aisément se les approprier. Les militants désireux de célébrer la Commune disposent donc d'un répertoire conséquent de chansons. Si les plus explicites ne peuvent être entonnées que dans un prudent entre-soi politique, d'autres peuvent être risquées dans un cadre plus large. Notons cependant que les plus célèbres chansons de la Commune – on songe bien sûr à *L'Internationale* – ne se diffusent qu'après l'amnistie de 1880. Elles contribuent alors puissamment à façonner la mémoire communaliste dans la longue durée.

Le sourd refus de la mémoire versaillaise s'exprime avec encore plus de difficultés à Paris, très étroitement surveillé, en état de siège jusqu'en 1876. Elle s'expose pourtant par le murmure des murs. Les graffitis révèlent une importante expression clandestine, scrupuleusement surveillée par les services de police, puis effacée au plus vite. Les inscriptions favorables à la Commune représentent jusqu'à 23 % des graffitis recensés dans la capitale en 1872, avant de décroître progressivement pour constituer moins de 10 % du total à la fin de la décennie. Ils ne deviennent marginaux qu'après 1881, lorsque les lois sur la liberté d'expression cessent de les rendre nécessaires. Certains valorisent le courage des combattants, en un hommage spontané à ceux qui sont tombés : « Vive la Commune ! Honneur aux braves Ferré, Rossel, Crémieux et Dombrowski qui sont morts pour la Commune », peut-on ainsi lire en 1872 dans le XII$^{e}$ arrondissement. La même année, la police découvre sur le mur du bastion 19 de l'enceinte Thiers dans le XVIII$^{e}$ : « Le

17 mai 1871, je soussigné [...] lieutenant-colonel du peuple [...] déclare à la face de tous les ennemis de la république avoir fait fusiller 23 de leurs acolytes traîtres à la patrie. » Au-delà de la probable vantardise de cette inscription relatant des faits imaginaires, son auteur refuse d'abandonner aux versaillais les thèmes de la patrie et de la République tout en assumant le fait d'avoir exécuté les traîtres au moment précis où les mises en scènes expiatoires s'affirment dans l'espace parisien. Un autre assume fièrement les incendies et appelle à la revanche : « Vive la Commune! Pétrolons Versailles. » En 1873, un graffiti stigmatise l'hôtel particulier d'Adolphe Thiers place Saint-Georges, démoli par la Commune en représailles au bombardement ordonné par le « président *Bomba* », puis reconstruit aux frais de l'État : « Peuple de Paris, cette maison est le prix de ton sang. » L'auteur de cette inscription rappelle en une condamnation lapidaire la Semaine sanglante et continue de façon aussi symbolique que dérisoire – mais non sans panache – l'œuvre des fédérés en s'attaquant à son tour à la maison de Thiers. Cette mémoire communarde est mobilisée dans les luttes du présent. Les graffitis favorables à la Commune augmentent immédiatement après le vote par l'Assemblée d'une loi contre l'Association internationale des travailleurs, le 14 mars 1872. De même, plusieurs inscriptions s'opposent à la surveillance policière : « Trop de police, vive la Commune! » dans le XIVe en 1872 ou encore « Mort aux sergents de ville, vive la Commune! » en 1874 dans le XIXe*.

* BRACONNIER Céline, *Improbable cité*, *op. cit.*, p. 272-277.

Des truites agonisantes, des refrains discrètement entonnés mais lourds de sens, des inscriptions aussi radicales que furtives, tels sont les murmures multiples qui défient en France la mémoire versaillaise. Ces chuchotements picturaux, mélodiques ou lapidaires font écho aux voix des exilés qui continuent le combat dans le champ de bataille mémoriel.

### *Écrire l'histoire de l'insurrection : le plaidoyer des exilés*

Plus de 2 000 insurgés sont parvenus à échapper aux versaillais et se regroupent en Suisse, en Belgique et en Angleterre. Nombre d'entre eux, fidèles à la tradition de l'exil politique, restent actifs, mais ce « n'est souvent qu'une illusion politique et l'entretien de la mémoire de la Commune est une façon de maintenir un semblant d'action* », note Sylvie Aprile. Les exilés, dont beaucoup sont journalistes ou membres des professions libérales, appartiennent souvent à une certaine élite de la Commune. La riposte discursive en est facilitée, notamment à Londres, qui accueille des figures tant politiques que militaires de l'insurrection. Dès octobre 1871, Benoît Malon, membre de l'Internationale, publie en Suisse *La Troisième Défaite du prolétariat français*, qui inscrit la Commune dans le sens d'une histoire révolutionnaire. Elle rejoint ainsi les deux autres « Saint-Barthélemy de prolétaires » : l'insurrection

* APRILE Sylvie, *Le Siècle des exilés. Bannis et proscrits de 1789 à la Commune*, CNRS éditions, 2010, p. 261.

des Canuts en 1832 et Juin 1848. Répliquant aux versaillais qui s'efforcent de retracer la généalogie criminelle de la Commune, il affirme que cette « troisième défaite » est un épisode particulièrement sanglant de « six mille ans » de lutte des classes. Ce militant aguerri refuse de laisser aux vainqueurs le monopole du vertige historique ni celui de la référence érudite. Immédiatement après la défaite, d'autres exilés ébauchent cette contre-mémoire communarde à travers des récits engagés dans lesquels ils se justifient afin de contrer les versaillais. Mais la minutie de ces récits est aussi un écho aux nombreuses controverses et divisions sur les responsabilités de la défaite.

Œuvre majeure de cette écriture d'exil, *Histoire de la Commune de 1871* de Prosper-Olivier Lissagaray constitue une des fondations de la mémoire communarde. En 1872, à l'initiative de ce journaliste, le Cercle d'études sociales de Londres, une réunion de proscrits français, décide de répondre aux accusations de *L'Enquête parlementaire sur l'insurrection du 18 mars,* qui vient d'être publiée*. La fabrique de ce livre, peut-être achevé dès 1873 et publié en 1876, souligne à quel point l'écriture de l'histoire des communards par eux-mêmes – et donc l'élaboration de la mémoire des vaincus – s'inscrit dans le présent d'un combat politique. La réplique de Lissagaray constitue pourtant la première histoire globale de la Commune, une histoire immédiate, sensible et engagée. En un style ample et lyrique, il compose

* ROUGERIE Jacques, « Écriture d'une histoire "immédiate" : l'*Histoire de la Commune de 1871* de Lissagaray », dans *La Révolution (1789-1871), écriture d'une histoire immédiate*, Clermont-Ferrand, Presses universitaires Blaise-Pascal, 2009.

une fresque aussi héroïque que critique. Mêlant récit, émotions et controverses politiques, ce livre donne le ton pour un siècle de production historique favorable aux fédérés, soulignant ainsi les porosités possibles entre politique, histoire et mémoire. S'appuyant sur des sources et des témoignages de première main, souvent inédits, il compose un récit minutieux, ordonnant une multitude de détails afin de faire sens. Son travail est certes une histoire événementielle, une histoire-bataille épique faisant de la Commune combattante l'égale des plus remarquables faits d'armes connus, mais les faits qui l'étayent sont soumis à une analyse critique et énoncés de façon à ce que les historiens postérieurs puissent à leur tour les réexaminer, ce qui est une des règles fondamentales de cette discipline. Lissagaray est d'ailleurs le premier à reprendre ses propres conclusions, et l'édition de 1896 comporte de nombreuses corrections et réécritures, sous l'influence de son évolution politique*. S'inscrivant pleinement à la croisée des modes d'écriture de l'histoire des années 1870, entre histoire romantique (attentive au récit, au détail, au pittoresque) et histoire méthodique (attentive à la critique des sources), offrant tant une masse de faits aux historiens suivants que des pages inoubliables aux partisans de la Commune, l'œuvre de Lissagaray s'impose rapidement comme une « masse de granit » de l'histoire et de la mémoire de la Commune.

L'histoire immédiate est un des « territoires-limite » de l'historien, tout comme l'histoire contrefactuelle, dont

* *Cf. infra*. page 80.

l'usage par Lissagaray, pourtant ponctuel, contribue à façonner durablement les débats mémoriels les plus intenses et les plus durables sur la Commune. L'histoire contrefactuelle, sous la forme de l'uchronie, est une invention du XIXe siècle, ce temps qui se représente lui-même à la croisée des chemins. Cette « histoire avec des si », qui imagine un futur alternatif à partir d'un événement fondateur qui se serait déroulé différemment, est formalisée par Charles Renouvier en 1857, qui forge le terme «uchronie». Ce polytechnicien anticlérical utilise ce genre littéraire et savant à des fins politiques en imaginant une Europe aussi éclairée que pacifiée dans laquelle les chrétiens auraient été chassés d'Europe par Marc Aurèle*. L'approche contrefactuelle comporte donc une dimension politique assumée, mobilisée par des acteurs sociaux progressistes ou révolutionnaires, qui montrent ainsi qu'un autre futur est possible; que des pesanteurs ou des héritages apparemment évidents ne sont que contingents. Marx lui-même a recours à cette méthode. Ainsi en 1852, dans *Le 18 Brumaire de Louis Bonaparte*, « il utilise cette démarche pour mettre au jour des phénomènes structuraux, pour mesurer les rapports de force », remarquent Quentin Deluermoz et Pierre Singaravelou. Il s'interroge : « Pourquoi le prolétariat parisien ne s'est-il pas soulevé après le 2 décembre? La chute de la bourgeoisie n'était encore que décrétée [...]. Tout soulèvement sérieux du prolétariat aurait immédiatement rendu une nouvelle vigueur à la bourgeoisie, l'aurait réconciliée avec l'armée et

* DELUERMOZ Quentin et SINGARAVELOU Pierre, « Explorer le champ des possibles... », *op. cit.*

valu aux ouvriers une nouvelle défaite de Juin*. » En 1871, il pointe deux possibilités non explorées par les insurgés, qui auraient pu les mener à la victoire. Il regrette, dès le 12 avril 1871, dans sa correspondance, que les fédérés n'aient pas attaqué Versailles en mars : « Il eût fallu marcher aussitôt sur Versailles [...]. Par scrupule de conscience, on laissa passer le moment favorable. On ne voulut pas *commencer la guerre civile,* comme si ce *méchant avorton* de Thiers ne l'avait pas déjà commencée, en tentant de désarmer Paris**. » Cette hypothèse n'est pas une pure spéculation. Une sortie en masse sur Versailles avait été effectivement proposée par Eudes et Jaclard. Cette occasion manquée alimente les débats entre exilés. Gustave Lefrançais y voit « un grand malheur, irréparable peut-être ». Mais Arthur Arnould estime que le risque d'une intervention de l'armée prussienne était trop important pour se risquer à une telle aventure***. Lissagaray voit dans l'attentisme militaire de la Commune en ce mois de mars une preuve de faiblesse, tout comme le refus de la Commune de se saisir de l'or de la Banque de France, rejoignant ainsi à nouveau l'analyse de Lefrançais**** et de Marx, qui écrit dans *La Guerre civile en France* : « Le plus difficile à saisir est certainement le saint respect avec lequel on s'arrêta devant les portes de la Banque de France. Ce fut d'ailleurs une lourde faute politique. La Banque aux mains de la Commune, cela valait mieux que 10000 otages. »

* *Ibid.*
** Marx Karl, lettre à Kugelmann du 12 avril 1871.
*** Godineau Laure, *Retour d'exil. Les anciens communards au début de la Troisième République*, thèse de doctorat d'histoire, université Paris-I, 2000, p. 534.
**** *Ibid.*, p. 537.

Telles sont les deux occasions manquées qui auraient pu changer le cours de l'histoire; deux possibles non advenus que ressassent les vaincus, puis – jusqu'à nos jours – nombre d'admirateurs de la Commune. En insistant sur ces deux points ces premiers récits suggèrent que la victoire était possible, ce qui est un message d'espoir pour les luttes à venir mais, pour vaincre, ces dernières devront être plus radicales. Cependant, ces options, si elles n'étaient pas impossibles, demeurent improbables au regard de ce qu'était vraiment la Commune. Ces histoires alternatives, imperceptiblement, minorent le côté communal de « Paris, ville libre » et la transforment en un mouvement plus ample ayant le pays comme horizon. Elles négligent tout autant le bricolage politique, le caractère impromptu de cette révolution, et donnent une image simplifiée de la Commune, qui devient une insurrection sûre d'elle-même, immédiatement consciente de ses objectifs, mais trop généreuse avec l'ennemi, ce qui, il est vrai, ne peut que favoriser la postérité du soulèvement.

Un dernier thème, et non des moindres, mobilise l'énergie des premiers écrivains de la contre-mémoire communarde : le macabre décompte de la Semaine sanglante. Face aux versaillais qui s'efforcent d'effacer toute trace du massacre des insurgés, dont les récits éludent la question du nombre des exécutions sommaires lors de la bataille de Paris et mettent en scène leurs propres martyrs, les vaincus s'efforcent d'exhiber l'intensité de la répression de mai. Benoît Malon décompte 25000 morts, dont 20000 sommairement exécutés. En 1872, Georges Jeanneret monte à 30000, tandis qu'un autre ancien communard, Pierre Vésinier, les estime à 40000. Lissagaray, après avoir avancé le chiffre de 20000 en 1871 dans *Les Huit Journées de mai derrière les barricades*, l'affine en 1876 pour l'estimer entre 17000 et 20000. À la fin des années 1870, un consensus s'établit entre 25000 et 30000 morts. En 1880, au terme d'une enquête très minutieuse empreinte d'un fort effet de véracité, le radical Camille Pelletan, partisan de l'amnistie, affirme dans *La Semaine de mai* qu'au moins 30000 communards ont été tués*. Toutes ces estimations sont largement supérieures aux recherches actuelles qui oscillent entre 7000 et 15000 morts entre le 21 et le 28 mai 1871**. Avant que Pelletan produise un grand nombre d'éléments supposés confirmer les estimations existantes, la plupart des exilés ont recours à une stratégie narrative accumulant les témoignages, décrivant des scènes aussi horribles qu'anecdotiques, puis extrapolent pour arriver à un décompte global***. Les usages politiques de cette accumulation d'horreurs puis de cadavres sous la plume des exilés sont aisés à percevoir. Premièrement, les vaincus engagent une concurrence des martyrs avec les versaillais. Établir la liste des lieux du massacre est une réplique à la monumentalité victimaire des vainqueurs. Cela s'oppose, dans l'espace de l'écrit, à la politique versaillaise d'effacement des traces dans l'espace parisien et favorise l'émergence de lieux de mémoire ren-

---

* Dowdall Alex, « Narrating la Semaine Sanglante, 1871-1880 » (M. Phil., Cambridge University, 2010), cité par Tombs Robert, « How Bloody was la Semaine Sanglante ? A revision » *H-France Salon*, *op. cit.*

** *Cf. infra.* p. 145

*** Dowdall Alex, « Narrating la Semaine Sanglante, 1871-1880 », *op. cit.*

dant hommage aux morts de la Commune. Deuxièmement, par ce massacre d'une intensité sans précédent au regard des normes de la violence politique du temps, la Commune devient un événement unique, absolument inoubliable. Ces accumulations de cadavres donnent corps à l'exhortation finale de Marx en 1871 : « Le souvenir de ses martyrs est conservé pieusement dans le grand cœur de la classe ouvrière. » Troisièmement, insister sur la répression plus que sur les réalisations ou les idéaux de la Commune, sur mai plus que sur mars, favorise une mémoire unanimiste de l'insurrection dans des milieux prompts à la division. Unis par leurs morts, les vaincus se dressent face aux versaillais et proclament la supériorité morale des forces révolutionnaires sur les éléments réactionnaires… depuis 1789 ! Des comparaisons sont régulièrement faites entre la Terreur et la Semaine sanglante. Camille Pelletan affirme ainsi que la Terreur de 1792-1794 est responsable de 12 000 morts dans la France entière. Les versaillais sont donc plus féroces que Robespierre. En décrivant une moderne Terreur blanche, Pelletan marginalise les ennemis présents de la République, « les généraux bonapartistes, les politiciens orléanistes, les paysans légitimistes* ». Deux mémoires « chaudes » entrent donc en résonance, celle en construction de la Commune et celle solidement établie de la Terreur. Cet épisode révolutionnaire – inlassablement évoqué au XIXe siècle par les modérés comme les réactionnaires afin de discréditer toute

* Tombs Robert, « How Bloody was la Semaine Sanglante? A revision », *The Historical Journal*, n° 55, p. 702-704. L'estimation actuelle des victimes de la Terreur judiciaire (Vendée exclue) s'établit aujourd'hui entre 35 000 et 40 000 morts.

perspective révolutionnaire – est retourné et utilisé contre les versaillais. Enfin, insister sur la violence des vainqueurs est l'un des principaux arguments des partisans de l'amnistie.

## LES CHEMINS DU MUR DES FEDÉRÉS (1871-1880)

« Il faut oublier, et l'on oubliera, des deux côtés*. » Tel est le mot d'ordre des républicains de gouvernement qui guide l'amnistie totale de 1880. Cette espérance consensuelle ne s'est absolument pas concrétisée. Mais la considérer comme une impossible attente incapable d'aboutir reviendrait à céder à une dangereuse illusion rétrospective. Il convient de ne pas céder au confort de l'anachronisme ou de la téléologie et de continuer d'interroger les évidences, de ne pas hésiter à faire un pas de côté. Le Père-Lachaise n'était pas inévitablement destiné à devenir le point de ralliement des partisans de la Commune, ni le Sacré-Cœur une fatalité monumentalement réactionnaire. Il est un « moment 1880 », celui du retour d'exil, lorsque l'injonction républicaine d'oubli semble sur le point de s'imposer à d'anciens insurgés quelque peu déboussolés.

### *Les « revenants de la Commune »*

Dans le sillage des appels d'Hugo à la clémence, les premières propositions d'amnistie sont émises dès 1872, puis s'imposent comme un thème fort de la campagne pour de

* *Le Temps*, 11 janvier 1881.

nombreux candidats républicains lors des élections législatives de 1876. Au Sénat, Hugo poursuit son combat : « Il n'y a d'amnistie que l'oubli. L'oubli seul pardonne. [...] Il faut fermer toute la plaie. Il faut éteindre toute la haine. » Un tel acte, conclut-il, conjurerait le spectre de la guerre civile. Après la crise de mai 1877, qui affirme le caractère parlementaire du régime et défait les derniers partisans de l'Ordre moral, la question est à nouveau posée. Trois propositions de lois sont déposées, notamment par Louis Blanc et Victor Hugo. La litanie de l'oubli se fait plus forte encore : « Qu'est-ce que l'amnistie? C'est un effacement. [...] Sur une vaste faute, il faut un vaste oubli », répète inlassablement le proscrit le plus célèbre du second Empire. Beaucoup moins lyrique, Alfred Naquet demande qu'on passe « une grande éponge sur les années qui viennent de s'écouler ». Après la loi d'amnistie partielle de mars 1879 qui gracie 3300 condamnés, Gambetta, président de la Chambre, appelle en 1880 à une amnistie plénière en un discours longuement applaudi par les parlementaires : « Il faut que vous fermiez le livre de ces dix dernières années, que vous mettiez la pierre tumulaire de l'oubli sur tous les crimes et tous les vestiges de la Commune, et que vous disiez à tous qu'il n'y a qu'une France et qu'une République. » L'amnistie totale est votée par 312 voix contre 136, devenant ainsi un symbole de l'unité républicaine. Cinq cent cinquante anciens communards sont autorisés à revenir*.

Les autorités organisent minutieusement le retour des exilés par une véritable mise en scène de l'oubli censée

* À ce sujet, se référer à Godineau Laure, *Retour d'exil*, *op. cit.*

garantir que le rapatriement ne se transforme pas en marche triomphale. Organisé en même temps que la première fête nationale du 14 Juillet, il est supposé se dissoudre dans celle-ci et apparaître comme une manifestation – la plus discrète possible – du bonheur d'être dans une République productrice d'unité nationale. Ne laissant rien au hasard, les autorités transportent les anciens insurgés dans des trains arrivant de nuit ou à l'aube. Si les premiers graciés de 1879 sont parfois acclamés sur le chemin du retour par des foules, notamment dans des villes rouges comme Limoges, une décrue s'opère rapidement, et la plupart des exilés reviennent dans une relative indifférence. Seules quelques figures majeures déplacent encore les foules en 1880. Henri Rochefort est acclamé par plusieurs dizaines de milliers de personnes, dont beaucoup de curieux, tandis que Louise Michel rassemble autour d'elle entre 6000 et 20000 personnes. Lors de ces manifestations, les participants clament surtout « Vive la France! » ou « Vive la République! », voire « Vive l'amnistie! » La police note avec satisfaction l'absence presque totale de « cris séditieux ». Les rares « Vive la Commune! » ou « Vive la république sociale! » restent sans écho. En revanche, les « Vive la République! » sont parfois repris en chœur par d'ex-proscrits, sincèrement persuadés d'avoir sauvé la République lors de « l'année terrible ». De même, les chants les plus fréquents sont des plus républicains : *Le Chant du départ* et *La Marseillaise*, hymne officiel depuis 1879. Les efforts des autorités sont incontestablement couronnés de succès, conclut Laure Godineau. Non seulement le retour ne provoque aucun trouble, mais il apparaît comme un « moment de joie consensuelle » confondu avec les festivités du 14 Juillet, presque submergé par ces dernières. La presse républicaine consacre beaucoup plus de pages à la fête nationale qu'aux anciens insurgés et, dans les mémoires, y compris celles d'anciens exilés, le moment du retour se confond avec cette fête*.

Les élections générales de 1881 constituent la première mise à l'épreuve de cette politique d'oubli. Aux élections municipales parisiennes de janvier, neuf anciens élus de la Commune se présentent, dont Eudes et Jourde, et autant d'anciens communards, tels Allemane ou Gaillard père. Leur échec est cinglant : ils ne recueillent que très peu de voix, aucun d'entre eux n'est élu. Le quotidien *Le Temps* en conclut avec satisfaction que le passé communard est « bien mort », que le « fantôme de la Commune » disparaît et, qu'en conséquence, les « revenants de la Commune » doivent s'effacer aussi. Les «revenants» subissent un revers tout aussi rude aux élections législatives de décembre. Pis encore, de vives tensions apparaissent entre les anciens communards et le nouveau Parti ouvrier. Ils sont donc dans une impasse, coincés entre les républicains de gouvernement et la nouvelle génération socialiste, qui s'est reconstruite sans les exilés, dont l'antiparlementarisme et le patriotisme gênent. Le programme politique de 1871 n'est guère repris par les mouvements socialistes (à l'exception compréhensible des allemanistes partisans du mandat impératif et d'un socialisme fédératif),

* *Ibid.*, p. 197-250.

sinon dans le cadre réduit d'un socialisme municipal favorable à la «municipalisation» des services publics*. En 1881, ils apparaissent comme des anciens combattants dépassés. Pour beaucoup, le chemin du retour est aussi celui de la désillusion. Le parcours notable de quelques-uns d'entre eux – Jean Allemane, Zéphirin Camélinat, Édouard Vaillant ou Louise Michel notamment – ne doit pas masquer que la plupart des amnistiés renouent avec l'anonymat de leur parcours antérieur, ce qui souligne à quel point la Commune était une révolution impromptue, en partie menée par des hommes neufs, sans expérience militante. De plus, nombre d'anciens communards survivent dans la misère, affrontent la vieillesse et la maladie. Sur les 49 anciens élus de la Commune étudiés par Laure Godineau, moins de la moitié a une activité politique visible pendant la décennie 1880**. Déception supplémentaire pour les amnistiés, la commémoration au mur des Fédérés de mai 1881 ne réunit qu'un maigre cortège de 500 personnes, soit moitié moins que le cortège inaugural de l'année précédente***.

À la fin de 1881, toutes les conditions sont donc réunies pour que l'effacement prôné par les autorités soit de l'ordre du possible. Les « revenants de la Commune » évoluent dans d'incertains limbes politiques. C'est pourtant à partir des années 1880 que la mémoire communarde se déploie et s'impose en s'appuyant moins sur des vivants que sur des morts,

* ROUGERIE Jacques, « La Commune et la démocratie », conférence faite au Petit Palais le 13 mai 2011.

** GODINEAU Laure, *Retour d'exil, op. cit.*, p. 351-370.

*** TARTAKOWSKY Danielle, *Nous irons chanter sur vos tombes. Le Père-Lachaise, XIX^e et XX^e siècles*, Aubier, 1999, p. 61.

moins sur des hommes que sur un lieu : le mur des Fédérés. Mais pour saisir l'avènement du mur, il est paradoxalement stimulant de commencer par détourner notre regard et de mettre à nu d'autres possibilités mémorielles non advenues*.

*D'autres lieux de mémoire étaient-ils possibles ?*

Cette question est d'autant plus légitime qu'elle fut posée au XIXe siècle, notamment par les adversaires de la Commune. Deux lieux concentrent l'attention : la butte Montmartre et l'Hôtel de Ville. La butte offre de nombreuses potentialités mémorielles, car elle permet de commémorer à la fois l'espoir de mars et le martyre de mai. Lissagaray le suggère lors du récit de la mort de Varlin :

> « Varlin, hélas, ne devait pas échapper. Le dimanche 28, place Cadet, il fut reconnu par un prêtre qui courut chercher un officier. Le lieutenant Sicre saisit Varlin, lui lia les mains derrière le dos et l'achemina vers les Buttes où se tenait le général de Laveaucoupet. Par les rues escarpées de Montmartre, ce Varlin qui avait risqué sa vie pour sauver les otages de la rue Haxo fut traîné une grande heure. Sous la grêle des coups, sa jeune tête méditative qui n'avait jamais eu que des pensées fraternelles devint un hachis de chairs, l'œil pendant hors de l'orbite. Quand il arriva rue des Rosiers, à l'état-major, il ne marchait plus ; on le portait. On l'assit

* DELUERMOZ Quentin et SINGARAVELOU Pierre, « Explorer le champ des possibles… », *op. cit.*

> pour le fusiller. Les soldats crevèrent son cadavre à coups de crosse. Sicre vola sa montre et s'en fit une parure. Le "mont des martyrs" n'en a pas de plus glorieux. Qu'il soit, lui aussi, enseveli dans le grand cœur de la classe ouvrière. Toute la vie de Varlin est un exemple*. »

En un passage caractéristique du lyrisme de son œuvre, Lissagaray fait de Varlin le martyr exemplaire. Il réplique de ce fait à la mémoire victimaire versaillaise. Varlin est sauvagement exécuté par les premiers ennemis des fédérés – le sabre et le goupillon –, alors même qu'il a essayé d'épargner les otages de la rue Haxo, lavant l'honneur de la Commune. Lissagaray répond ainsi à l'exhortation finale de Marx en le paraphrasant : c'est bien au « mont des martyrs » que l'on peut « conserver pieusement dans le grand cœur de la classe ouvrière » le souvenir des plus admirables communards à travers Varlin, ici érigé en icône révolutionnaire. Le récit de sa mort permet aussi de « clouer à un pilori éternel [...] ses exterminateurs** ». Pourtant la connexion ne se fait pas entre la commémoration du 18 mars, plus importante que celle du massacre de mai avant les années 1880, et le lieu même de Montmartre***. Les adversaires de la Commune – conscients du poids symbolique d'une colline dont la prise le 23 mai provoqua leur allégresse – l'occupent rapidement et massivement par le projet du Sacré-Cœur. Quelques rares

---

* LISSAGARAY Prosper-Olivier, *Histoire de la Commune de 1871, op. cit.*, p. 378.

** MARX Karl, *La Guerre civile en France*, 1871. Réédition Entremonde, 2012.

*** GODINEAU Laure, « Le 18 mars 1871. Mémoires, écritures et inscription dans l'espace parisien », communication à la journée d'étude « Paris, l'insurrection capitale », le 6 septembre 2012.

initiatives essayent cependant d'implanter une mémoire communarde. En 1891, des socialistes, soutenus par la population du quartier opposée à la construction de la basilique, veulent commémorer la mort de Varlin et se rendent en cortège sur le lieu précis de sa mort, c'est-à-dire à l'endroit même où se construit le Sacré-Cœur. La police, qui surveille en permanence ce site sensible, disperse la manifestation à l'approche du chantier*. Mais, globalement, la vive opposition à l'achèvement de l'édifice ne s'inscrit pas explicitement dans le cadre d'une concurrence mémorielle sur les martyrs de la Commune. Elle participe davantage de la lutte contre le cléricalisme menée par les républicains radicaux et libres-penseurs. Après la chute du gouvernement d'Ordre moral, le sort de ce monument expiatoire est des plus incertains. Par ailleurs, le chantier, situé sur un site de carrières particulièrement instable, accumule les retards. De multiples initiatives s'efforcent soit d'arrêter son édification soit de détourner le projet. Le 3 août 1880, les radicaux-socialistes du conseil municipal de Paris proposent ainsi qu'une « statue colossale de la liberté [soit] placée au sommet de la colline de Montmartre devant la partie antérieure du parvis de l'église du Sacré-Cœur » sur un terrain appartenant à la Ville de Paris. En 1882, les députés radicaux échouent de peu à arrêter définitivement la construction d'un monument devenu quelque peu incongru. Mais le coût du déblaiement ainsi que des arguties juridiques aboutissent au maintien du chantier. Il en est de même en 1897, juste avant l'inau-

* Braconnier Céline, *Improbable cité…*, *op. cit.*, p. 748.

guration d'un bâtiment pas tout à fait achevé*. Le monopole de la mémoire versaillaise sur la butte Montmartre ne relève donc aucunement de l'évidence, de l'inévitable. Si la basilique avait été démantelée, ou même concurrencée par une statuaire radicale-socialiste, une mémoire favorable à la Commune aurait pu se déployer.

Depuis 1789, l'Hôtel de Ville est le principal foyer du « bivouac de la révolution ». Les communards l'incendient pendant la bataille de Paris, à la stupéfaction des versaillais. « Quand on s'est appelé la Commune de Paris, on n'en détruit pas le vivant symbole », juge l'historien Jules Michelet. Considéré comme la plus exemplaire et la plus troublante des ruines impromptues de la Semaine sanglante, l'Hôtel de Ville est en 1871 l'objet d'une campagne d'opinion ambitionnant de conserver ce vestige. C'est une évidence pour Ludovic Halévy : « Quelle effroyable et admirable ruine. [...] On devrait les laisser là toujours en plein cœur de Paris, comme une éternelle leçon**. » *Le Figaro* fait état d'un grand nombre de lettres demandant « le maintien et la consolidation même des ruines magnifiques de l'Hôtel de Ville », qui constitueraient ainsi une leçon édifiante pour les générations futures. Ce journal s'oppose cependant à la préservation des vestiges, rappelle qu'il faut reloger les services administratifs dans les plus brefs délais, mais propose d'élever un monument tel « un phare sur l'écueil [des crimes de la Commune] » sous la

* HARVEY David, *Paris, capitale de la modernité, op. cit.*, p. 322.
** HALÉVY Ludovic, *Notes et souvenirs, 1871-1872,* Calmann-Lévy, 1889, note du 27 mai 1871.

forme d'une « pyramide sur laquelle seront inscrits un à un les crimes de la Commune » et qui porterait l'inscription suivante : « En 1871 des hordes barbares ont envahi Paris et tenté de la détruire par le meurtre et l'incendie. » Ce projet s'inspire de la micromonumentalité versaillaise discrète mais édifiante. De nombreux Parisiens souhaitent « entourer l'Hôtel de Ville d'un immense square et le laisser dans toute la splendide horreur de ces ruines* ». D'autres estiment particulièrement inopportun de reconstruire ce nid insurrectionnel, « centre et rendez-vous de toutes les révolutions** », et misent sur le caractère exemplaire de cette ruine. Mais les autorités, en pleine reconquête administrative de Paris, veulent reconstruire à l'identique, ou presque, le bâtiment. Le principe est voté en août 1871, et le nouvel Hôtel de Ville inauguré le 14 juillet 1882. Ces divers projets, de la stèle à la reconstruction, ont comme point commun d'œuvrer à ce que l'Hôtel de Ville ne puisse devenir un lieu de mémoire communard. Mais tous sont aveugles aux transformations majeures du Paris symbolique des révolutionnaires qui s'opèrent après la Commune. Les jugements rétrospectifs portés par les vaincus sur l'Hôtel de Ville sont implacables. Lissagaray et Eugène Vermersch considèrent que l'ensemble de ce bâtiment était souillé jusqu'au moindre couloir. Jules Andrieu est encore plus précis. Tout en reconnaissant que la « coque extérieure »

* *Le Figaro*, 7 juin 1871. Voir aussi FOURNEL Victor, *Paris et ses ruines en mai 1871,* Charpentier, 1872, p. 12.

** Collectif, *Livre du centenaire de la reconstruction de l'hôtel de ville de Paris, 1882-1892,* Bibliothèque administrative de Paris, 1982, pp. 23 et 41. Voir aussi FOURNEL Victor, *Paris et ses ruines en mai 1871, op. cit.*, p. 12.

est « un chef-d'œuvre architectural* », il a un regard très critique sur « ce tripot », « cette souricière » parcourue « d'escaliers secrets, de souterrains, de doubles issues ». L'Hôtel de Ville est stigmatisé comme l'espace de toutes les trahisons, des duperies, des massacres et des manipulations depuis 1830. Ainsi s'explique l'incendie du monument, sous le signe de la purification et de la vengeance intimement mêlées. Du fait de l'évolution de l'imaginaire parisien propre à la nébuleuse révolutionnaire, l'Hôtel de Ville n'est plus considéré par elle comme un haut lieu de la geste révolutionnaire, bien au contraire. Il ne peut donc en aucun cas constituer un possible lieu commémorant l'insurrection. Seuls les versaillais le redoutent, alors que les exilés accablent le bâtiment dans leurs récits. Aucune tentative d'en faire un lieu de mémoire communard n'est de fait repérée par la préfecture de police, à la différence de la butte Montmartre.

La liste des lieux possibles se réduit. Des champs de bataille auraient-ils pu constituer un espace mémoriel? Le souvenir peut s'ordonner autour de l'espoir ou du martyre, pas vraiment sous le signe de la seule défaite militaire, et les faits d'armes de la Commune combattante se sont davantage déroulés en proche banlieue, vers Asnières ou Issy notamment, que dans la capitale. Karine Varley a décrit comment des partisans de la Commune investissent ponctuellement en banlieue des cérémonies patriotiques

* ANDRIEU Jules, *Notes pour servir à l'histoire de la Commune de 1871*, Payot, 1971, p. 140-142.

commémorant le siège de Paris face aux Prussiens, les subvertissant parfois de manière spectaculaire, comme le 12 octobre 1883 lors de l'inauguration de la statue de *La Défense de Paris* à Courbevoie, où eurent lieu de durs affrontements avec les versaillais le 2 avril : un drapeau rouge est déployé, « longue vie à l'amnistie, longue vie à la révolution sociale » est clamé*. De telles actions ne peuvent porter l'entière mémoire de l'insurrection, seulement insister sur son lien avec le premier siège. Elles ne s'inscrivent pas dans la durée, restent des initiatives sporadiques. À l'évidence, la mémoire de la Commune de Paris peut difficilement se déployer hors des limites de la ville de Paris. Et il est des combats *intra-muros* que les vaincus magnifient dans leurs souvenirs. L'affrontement du Père-Lachaise en est un.

### *La naissance du mur*

En 1871, le Père-Lachaise n'est pas un espace neutre. Considéré depuis la Restauration comme un cimetière d'opposition libérale, sinon athée, les enterrements d'opposants aux différents régimes du premier XIXe siècle s'accompagnent souvent de manifestations, parfois d'émeutes**. Cette nécropole aussi socialement prestigieuse (il est de bon ton pour une personnalité d'y obtenir une concession perpétuelle) qu'éminemment politique est le théâtre

* Varley Karine, *Under the Shadow of Defeat. The War of 1870-71 in French Memory*, New York, Palgrave Macmillan, 2008, p. 142-150. Cette statue a donné son nom à l'actuel quartier d'affaires de La Défense.

** Fureix Emmanuel, *La France des larmes. Deuils politiques à l'âge romantique (1814-1840)*, Seyssel, Champ Vallon, 2009.

d'un des derniers actes de la Semaine sanglante. Le samedi 27 mai, vers 18 heures, 200 fédérés retranchés dans le cimetière subissent l'assaut versaillais, mené par le premier bataillon d'infanterie de marine. Lissagaray en fait un récit inoubliable, empreint d'un romantisme gothique adapté au décor : « Abrités derrière les tombes, les fédérés disputent leur refuge. Il y a dans les caveaux des combats à l'arme blanche. Les hommes ennemis roulent et meurent dans les mêmes fosses. L'obscurité n'arrête pas le désespoir*. » Cette version héroïque est cependant considérablement révisée aujourd'hui : le Père-Lachaise défendu par des fédérés manquant de munitions tomba presque sans résistance, nous apprend Robert Tombs**. La suite du drame est indubitable : 144 prisonniers fédérés sont immédiatement fusillés au pied du mur est et jetés dans la fosse commune, suivis par plus d'un millier de cadavres d'insurgés, exécutés dans les quartiers populaires proches du cimetière ou à la prison de La Roquette. Au pied du mur était la fosse commune. C'est dorénavant aussi un charnier de la Commune, ce que rappellent furtivement les quelques fleurs déposées clandestinement au mur à l'automne 1871***.

L'avènement du mur doit beaucoup au travail de propagande du peintre Ernest Pichio, un ancien communard proscrit, exilé à Genève. En 1875, son tableau *Le Triomphe de l'ordre* est une provocation retentissante [voir illustration II]. Même si le titre joue avec la censure, le tableau expose crû-

---

* Lissagaray Prosper-Olivier, *Histoire de la Commune de 1871, op. cit.*, p. 370.
** Tombs Robert, *La Guerre contre Paris, 1871*, Aubier, 1997, p. 275.
*** Rebérioux Madeleine, « Le mur des Fédérés », *op. cit.*, p. 620-629.

ment le massacre du Père-Lachaise. Sous le ciel crépusculaire de l'incendie de Paris, les prisonniers acculés au pied du mur, fauchés par les batteries de canons, tombent dans une tranchée évoquant la descente aux enfers. Hommes, femmes, enfants ou vieillards, la plupart défient dignement la mort. Mais une fois fauchés par la mitraille, les corps convulsifs et les visages horrifiés expriment avec violence la terreur de la répression. En face, deux officiers insensibles commandent froidement la tuerie. Le tableau fait scandale. Le critique d'art du *Gaulois* y voit « un barbouillage criminel », celui de *La Patrie* l'accuse d'être « une excitation à l'émeute », tandis que *L'Ordre* demande que « Pichio soit immédiatement fusillé ». La volonté d'oubli commence à dominer, et *Le Triomphe de l'ordre* rappelle inopportunément « une scène horrible que [l'on] voudrait pouvoir effacer de l'histoire ». Le scandale est attisé par la force de l'image elle-même. « Il a répandu le sang à profusion sur la toile », s'indigne *Le Figaro*. *Le Gaulois*, craignant manifestement une nouvelle insurrection, assène que « ce serait aussi une chose dangereuse que de réveiller la mémoire à peine assoupie de ce peuple qui passe ; [...] il ne faut pas lui montrer de rouge*! » Le tableau redouté est censuré. Pichio récidive en 1877 avec *La Veuve du fusillé*, s'imposant ainsi comme l'inventeur du mur des Fédérés. Une femme en deuil, accompagnée de ses deux enfants, dépose une couronne mortuaire au mur, sur lequel est gravé une inscription imaginaire : « Mai 1871 / aux martyrs / sans nom / morts pour la liberté. » Le tableau

* Tillier Bertrand, *La Commune de Paris. Révolution sans images ?*, *op. cit.*, pp. 256, 257.

est également censuré. « Proscrites, les deux œuvres sont dès lors confondues avec le sort des communards exilés* » et connaissent un vif succès au sein des communautés de bannis, d'autant plus que Pichio diffuse clandestinement de nombreuses reproductions photographiques, suivies par des lithographies facilitant la diffusion de ces deux images au sein des partisans de la Commune.

Cet espace comporte deux symboles fort susceptibles de porter la commémoration : la fosse commune et le mur. Le mur l'emporte, car il est, avant même le travail de Pichio, « une métonymie et une métaphore de la Commune réprimée dont on trouve la trace sous la plume de nombreux témoins », note Bertrand Tillier**. Les murs, puis le mur, deviennent des pages vierges où s'écrit le martyre de la Commune par divers signes on ne peut plus explicites : traces de sang, de mitrailles, de balles, puis couronnes, bouquets et inscriptions. De telles images répondent aux mémoriaux versaillais qui investissent aussi les murs, rue de La Roquette ou rue Haxo. Le mur, par sa verticalité, diffuse aussi une image de lutte, d'ultime défi, faisant des fusillés des vaincus héroïques, morts debout. Pichio donne le ton. Un des fusillés, levant les bras, exhorte une dernière fois ses compagnons; un vieillard à barbe blanche toise sereinement ses bourreaux. Ce personnage symbolise la vertu romaine du savoir-mourir, de la belle mort stoïque. Par ce biais, Pichio s'approprie les références culturelles

---

* *Ibid.*, p. 261-262.
** *Ibid.*, p. 426

d'une culture classique dont les versaillais croient avoir le monopole et les mobilise pour faire advenir le mur. La fosse commune, enfin, pourrait porter une mémoire froide, limitée au strict deuil. Inversement, la symbolique du mur est propice à une mémoire chaude, dépassant le recueillement et invitant à poursuivre la lutte. Cette idée est exprimée avec force par Théophile-Alexandre Steinlen en 1894 dans une lithographie titrée « Au mur des Fédérés – Il faut des régiments pour garder ces morts-là * » [voir illustration III]. Les cadavres décharnés des insurgés surgissent de la fosse commune, fixent de leurs orbites vides les couronnes commémoratives accrochées au mur et l'escaladent pour s'échapper. Le mur est donc à même de ressusciter la Commune, de faire peur aux bourgeois au présent. Au risque de la surinterprétation, il semble même illustrer *L'Internationale* : « Debout les damnés de la terre. »

En 1880, quand le martyre de mai l'emporte peu à peu sur l'utopie de mars, les conditions sont réunies pour que le mur – dont l'histoire a été magistralement écrite par Madeleine Rebérioux et Danielle Tartakowsky – devienne un lieu de mémoire communard. Mais la naissance de ce rituel politique comporte sa part de contingence. Le premier cortège défile le 23 mai 1880. Les autorités républicaines – qui n'ont pas inscrit le droit de manifester au nombre des libertés nécessaires – interdisent une manifestation socialiste place de la Bastille. Les organisateurs, regroupés autour des journaux *Le Prolétaire* et *L'Égalité*,

* Petit Pierre (pseudonyme de Steinlen), dans *Le Chambard socialiste*, 6 juin 1894.

optent donc pour une commémoration au mur. Tout au long du XIXe siècle, l'usage politique du deuil est un élément majeur du répertoire d'action collective des opposants libéraux d'abord, puis des républicains et des révolutionnaires. Le chemin du mur s'inscrit dans un puissant héritage. Et les forces de l'ordre sont forcées de tolérer l'hommage rendu aux morts. Néanmoins, la frontière entre le recueillement et la manifestation est ténue, et la passivité policière fragile. Ce 23 mai 1880, l'atmosphère est particulièrement tendue. La police charge, sabre au clair, le cortège en route vers le cimetière, au motif qu'un drapeau rouge a été arboré, ce qui est illégal*. Celui-ci ne se disperse pas et arrive au pied du mur. Les policiers se saisissent alors de couronnes pourtant peu séditieuses, notamment celles de *L'Égalité* portant en guise d'épitaphe : « *L'Égalité* aux 34000 fusillés de mai 1871 » ou « Les égaux aux vaincus de 1871 ». Dans ce lourd climat de provocation policière, les manifestants en sont réduits à jeter silencieusement les immortelles rouges qu'ils arborent à la boutonnière par-dessus la tête des policiers, qui bloquent l'accès au mur. Les fleurs atterrissent sur la fosse commune, un terrain vague laissé à l'abandon, « un désert de ronces et d'orties [aux] tranchées encore mal comblées », déplore *L'Égalité***. À l'image de ces immortelles rouges presque immédiatement englouties par les mauvaises herbes enracinées dans le charnier, le rituel politique qui vient de naître est des plus incertains.

* REBÉRIOUX Madeleine, « Le mur des Fédérés », *op. cit.*, p. 620-629.
** TARTAKOWSKY Danielle, *Nous irons chanter sur vos tombes*, *op.cit.*, p. 60-65.

Le mur est d'abord un lieu de mémoire hésitant, dont la pérennité n'est pas évidente. Il est également un espace conflictuel, car la montée au mur obéit à des règles complexes pouvant engendrer de graves tensions, selon trois facteurs imbriqués : la tolérance très variable de la police, qui veille à ce que la Commune soit oubliée et l'ordre non troublé; les divisions multiples à l'intérieur des cortèges; enfin les luttes politiques du présent constituent autant de crises qui perturbent les équilibres précaires ordonnant la commémoration. Puis, à partir de 1908, l'autorité croissante de la Section française de l'Internationale ouvrière (SFIO) sur la montée au mur entraîne quelques remarquables démonstrations de force, finalement tolérées par une République qui peine décidément à imposer le consensus par l'oubli.

### *Un lieu de mémoire incertain et conflictuel (1880-1908)*

Cette partie du cimetière sert depuis 1850 de fosse commune et de décharge sauvage où pourrissent toutes les immondices du cimetière. C'est un lieu à l'abandon, une marge repoussante de la nécropole, dont l'état indigne un élu du conseil municipal parisien en 1884*. Tous s'accordent sur la nécessaire disparition de cette « hideuse fosse commune », terrain vague au statut précaire. En 1883, face au manque de place, l'administration du cimetière envisage de

* *Ibid.*, p. 29.

la remblayer et de la lotir en concession perpétuelle privée, ce qui signifie la disparition de fait de la sépulture des insurgés. Mais le conseil municipal de Paris, situé nettement à gauche des différents gouvernements républicains, et ayant partiellement autorité sur la gestion du lieu, s'y oppose. Jules Joffrin, conseiller municipal et membre du Parti ouvrier, obtient en décembre 1883 l'abandon du projet. La Ville de Paris s'engage à entretenir cette portion du cimetière. Le mur des Fédérés ne peut plus être aisément effacé, mais suffit-il à porter à lui seul la mémoire de la Commune ? Certains proposent en effet l'édification d'un monument commémoratif au pied du mur, tel Rochefort qui, à peine amnistié, milite pour ériger un hommage « aux républicains fusillés illégalement ou sans jugement en 1871 » pour avoir défendu la République contre les Prussiens et les « factions monarchiques ». Personnalité controversée, isolé au sein des anciens insurgés, peu apprécié des radicaux du conseil municipal, Rochefort recueille peu de soutiens et se voit opposer un ferme refus de la préfecture, qui rappelle que l'amnistie ne donne que le droit à l'oubli. L'idée est relancée en 1884 par les journaux *La Bataille* et *Le Prolétaire*, suivis par La Fraternelle, la société de secours mutuel des anciens combattants de la Commune. Au cours d'une séance houleuse, le conseil municipal débat de la différence entre une sépulture décente et un monument, aussi modeste soit-il, appelant à la revanche. Les adversaires du projet sont pleinement conscients des enjeux politiques liés à ces revendications mémorielles, de l'impact du passé sur le présent. Un élu parisien avertit : « Il sera le point de ralliement pour la lutte prochaine, car il n'est pas seulement [un repère] pour la glorification du passé, mais, bien plus, un jalon devant guider les combattants de l'avenir*. » Une telle crainte est avivée par l'œuvre de propagande d'Eugène Pottier qui devient, à la suite de Pichio, le principal promoteur de ce lieu de mémoire. En 1883, dans *Le Monument des Fédérés*, il écrit :

> « Ici fut l'abattoir, le charnier ! [...]
> Qu'il ressuscite la Commune,
> Le monument des Fédérés ! [...]
> Qu'il soit notre réquisitoire,
> Le monument des Fédérés ! [...]
> Qu'il soit l'appel à la revanche,
> Le monument des Fédérés ! »

Mais l'auteur de *L'Internationale* estime que le mur lui-même suffit à glorifier la Commune : « Oui, pour tout monument, peuple, un amas de pierres ! Laissons l'Académique aux tueurs de bon goût. » Cette valorisation partisane du mur, dont les briques évoquent le pavé parisien, peut s'accommoder avec l'injonction d'oubli et rassurer ceux qui redoutent un monument excitant les groupes révolutionnaires. Ce compromis aboutit peu à peu à la sanctuarisation du lieu, laissé en l'état et aux proches des morts de la Commune.

* *Ibid.*, p. 56-59.

Une fois réglé le sort du mur, la police demeure le principal obstacle à la montée annuelle. Sa tolérance est variable, sa surveillance tatillonne, ses provocations fréquentes. Elle ne peut interdire l'hommage aux morts, mais elle veille à proscrire toute apologie de la sédition. En 1882, les prises de parole sont tolérées pour la première fois, et 20 discours sont prononcés, soulignant la division du mouvement ouvrier. En 1883, les drapeaux sont acceptés dans l'enceinte de la nécropole. Mais les incidents avec la police sont récurrents. En 1885, sur la question du drapeau rouge, absolument interdit dans la rue mais toléré dans le cimetière, la police attaque le cortège, sabre au clair, au pied du mur*. La nervosité policière est accrue par le succès croissant de ce rituel annuel. Encouragés tant par les poèmes de Pottier – « le massacre en l'éclaboussant en fit une page historique », écrit-il en 1886 dans *Le Mur voilé* – que par des journaux socialistes et anarchistes reproduisant régulièrement *Le Triomphe de l'ordre* ou encadrant de noir les numéros spéciaux consacrés à la Semaine sanglante**, les militants se pressent plus nombreux chaque année : 4000 en 1882, 5000 en 1883, deux fois plus en 1884***. Si le mur s'impose dans l'imaginaire et les pratiques, son succès doit cependant être nuancé. Aucune des montées ne parvient pas à égaler les grandes manifestations républicaines. Ainsi, en 1885, 5000 personnes défilent au Père-Lachaise, mais plus d'un million assistent aux funérailles nationales de Victor Hugo.

---

* REBÉRIOUX Madeleine, « Le mur des Fédérés », *op. cit.*, p. 620-629.

** *Ibid.*; TILLIER Bertrand, *La Commune de Paris. Révolution sans images ?*, *op. cit.*, p. 427.

*** TARTAKOWSKY Danielle, *Nous irons chanter sur vos tombes*, *op. cit.*, p. 66.

La nomination de Louis Lépine comme préfet de police en 1893 marque un net durcissement de la répression policière. Sa désignation, peu avant les élections législatives, traduit le repli conservateur opéré par les républicains de gouvernement. Le zélé préfet a une interprétation draconienne de la loi d'amnistie : « Il faut se borner à accorder aux hommes dont il s'agit la seule chose à laquelle ils aient droit : l'oubli », dit-il en 1895 lorsqu'il interdit chants et discours au mur. Le dispositif de maintien de l'ordre devient impressionnant. Chaque année, ce sont environ 500 gardes municipaux à pied renforcés par plus d'une cinquantaine à cheval qui encadrent un cortège filtré et fractionné, et auquel un rythme soutenu est imposé devant le mur. Les couronnes mortuaires restent la seule expression possible. Mais leurs textes ne peuvent être empreints que d'une martyrologie floue. Tout message plus politique risque d'attirer les foudres du préfet. « Aux fusillés », « Aux combattants » ou « Aux fédérés » sont autorisés. Mais, en 1899, la police arrache des mains des manifestants la couronne « Aux frères assassinés par les versaillais ». En 1900, l'inscription « Aux victimes du militarisme » subit le même sort. « Passe d'être tué à condition qu'il n'y ait pas de tueurs », conclut Madeleine Rebérioux de façon cinglante*. Dans ces conditions, de très sérieux accrochages ont lieu en 1894, puis sans interruption de 1899 à 1902.

Des incidents ont également lieu à l'intérieur des cortèges à partir de la fin des années 1880. La montée au mur s'impose

* REBÉRIOUX Madeleine, « Le mur des Fédérés », *op. cit.*, p. 629-636.

comme un rendez-vous incontournable, mais la mémoire de la Commune se divise, devient l'objet de violentes querelles d'héritiers dont les chemins ont fortement divergé après 1871. Le ralliement au boulangisme de certains anciens communards, des blanquistes pour la plupart, puis la dérive antisémite d'autres à partir de l'affaire Dreyfus – Cluseret et Rochefort notamment – créent des ruptures au sein des porteurs de la mémoire communarde, dont certains, comme les anarchistes, incarnent une radicalité politique inédite. L'agitation boulangiste inaugure ces affrontements au nom de la Commune. Le 27 mai 1888, l'anarchiste Lucas, juché au sommet du mur, un drapeau noir à la main, abat d'un coup de révolver un blanquiste rallié au général Boulanger. Dix ans plus tard, le nom de Rochefort est conspué par un cortège acquis au dreyfusisme et les porteurs de couronne de *L'Intransigeant*, pourchassés au milieu des tombes, ne peuvent déposer l'hommage du directeur de leur journal*. À cette date, la mémoire communarde est devenue plurielle et conflictuelle. Arrêtons-nous un instant sur deux groupes antagonistes : les anarchistes et l'extrême droite.

La révolution communaliste, en son discours et en ses pratiques, fut profondément irriguée par « un questionnement libertaire de la démocratie », ce qui n'échappe pas à Bakounine, qui écrit dès juillet 1871 dans *La Commune de Paris et la notion de l'État* (publié en 1878) : « Elle a été une négation audacieuse, bien prononcée de l'État. C'est un fait historique immense que […] Paris se découronnant et

* *Ibid.*

proclamant avec enthousiasme sa propre déchéance pour donner vie à la France, à l'Europe, au monde entier. » Puis, comme Marx, il voit dans le martyre de la Commune un événement apte à mobiliser, dont la mémoire doit donc être entretenue : « La Commune de Paris qui, pour avoir été massacrée, étouffée dans le sang par les bourreaux de la réaction monarchique et cléricale, n'en est devenue que plus vivace dans l'imagination et dans le cœur du prolétariat de l'Europe*. » À sa suite, les anarchistes, globalement admiratifs de la Commune, préfèrent insister sur ses mérites que pointer des défauts qu'ils ne nient certes pas (Élisée Reclus ou Bakounine estiment ainsi qu'il y avait encore trop d'État). Mais ils préfèrent louer la révolte parisienne contre l'autorité, l'Église et l'armée, et se reconnaissent dans son fédéralisme, son athéisme, son goût pour l'association volontaire et sa pratique de la démocratie directe. Nombre d'anciens communards, et non des moindres, sont issus de la nébuleuse libertaire ou la rejoignent : Lefrançais, Pindy, Reclus et bien sûr Louise Michel, dont l'anarchisme s'affirme en exil. D'autres intègrent des idéaux libertaires à leur socialisme, les allemanistes en premier lieu, partisans du mandat impératif et révocable**. La Commune apparaît comme un guide pratique pour de nombreux anarchistes. Au début des années 1890, la nouvelle génération, celle de la « propagande par le fait » (ou des attentats individuels, c'est selon), est aussi séduite par un certain imaginaire de la Commune.

---

*Cité par ROUGERIE Jacques, « La Commune et la gauche », *op. cit.*, p. 96.
** SERMAN William, *La Commune de Paris*, Fayard, 1996, p. 564-565.

Ces jeunes activistes entendent non seulement s'inspirer d'elle, mais aussi la venger. Un petit groupe se nomme ainsi « les vengeurs de Ravachol » en un double hommage à leur camarade exécuté en 1892 et aux « vengeurs de Flourens » de 1871*. Les pseudonymes de certains anarchistes rendent hommage à la figure honnie de l'incendiaire de la Semaine sanglante : « un partisan de la dynamite », « la torche de Belleville », « la pétroleuse », « un incendiaire ». Lors des attentats de 1892-1894 qui ensanglantent la capitale, cet amalgame entre Commune et anarchie est consacré par la presse bourgeoise, qui évoque le souvenir de l'incendie de Paris à travers des unes aussi suggestives que totalement exagérées. « Paris en flamme », « Paris qui brûle », « Paris incendié » sont autant d'images évoquant une Commune ravacholesque. Cependant, ces usages provocateurs de l'insurrection ne la disqualifient pas aux yeux des libertaires, qui continuent à l'invoquer après avoir abandonné la voie de la propagande par l'attentat. La Commune est ainsi l'unique référence à l'histoire revendiquée par *Les Temps nouveaux* de Jean Grave. La revue publie entre 1904 et 1910 trois lithographies du peintre Maximilien Luce. Cet artiste libertaire peint, en un style néo-impressionniste, plusieurs œuvres exposant la Commune martyre, sauvagement réprimée, mettant par exemple en images *La Mort d'Eugène Varlin*. Il est également inspiré par l'énergie de cette révolution, lorsqu'il peint en un sens positif la figure de l'incendiaire en 1896**.

---

* Unité de francs-tireurs constituée à la suite de l'exécution sommaire de Gustave Flourens, après avoir été fait prisonnier par les versaillais lors de la sortie du 2 avril 1871.

**TILLIER Bertrand, *La Commune de Paris. Révolution sans images ?*, *op. cit.*, p. 473-480.

L'extrême droite nationaliste qui se structure à la fin des années 1880 lors de la crise boulangiste est tout autant fascinée par la Commune. Elle s'approprie son réel patriotisme pour fustiger la république parlementaire, accusée d'avoir versé le sang des patriotes et cédé face à la Prusse. Le boulangisme crée les premières passerelles entre d'anciens insurgés, alors positionnés à gauche, et cette extrême droite peut-être révolutionnaire – plus sûrement contestataire – en gestation. Cet usage politique du passé qui pourrait nous sembler incongru tant la mémoire communarde est majoritairement portée par la gauche révolutionnaire l'est moins si l'on observe le parcours sinueux de quelques figures de l'insurrection ralliées aux ultranationalistes et aux antisémites. Henri de Rochefort – journaliste brillant et polémiste insolent, opposant tardif à Napoléon III, élu député républicain en 1869, soutien passif de la Commune, condamné à la déportation cependant, démissionnant régulièrement de ses mandats électifs – se caractérise plus par sa capacité à la provocation que par sa constance politique. Et que dire de la vie de Gustave-Paul Cluseret? Officier participant à la répression de juin 1848, puis combattant pour Napoléon III en Crimée avant d'être radié de l'armée en 1858, il participe à l'expédition des Mille de Garibaldi, émigre ensuite aux États-Unis, où il termine la guerre de Sécession avec le grade de général dans l'armée nordiste. Rentré en France, emprisonné comme opposant en 1868, il est brièvement général en chef de la Commune de Paris. Revenu d'exil, il est élu député du Var de 1888 à sa mort, socialiste d'abord, antisémite pour finir. La Commune n'est qu'un épisode, certes majeur, du parcours aussi intense que tortueux de ces deux hommes, pas un tournant ni une rupture. Cela étant, la plupart des partisans de la Commune refusent que celle-ci soit partagée avec cette extrême droite qui ne parvient pas à s'imposer lors de la montée au mur, à tel point qu'en mai 1903, les nationalistes renoncent à défiler au Père-Lachaise*.

Les enjeux de la montée au mur sont exacerbés lors des crises politiques. L'usage de la Commune par les mouvements révolutionnaires souligne la potentielle modernité de celle-ci, intégrée avec force aux luttes du présent. Lorsqu'ils estiment la République – aussi imparfaite soit-elle – menacée, les révolutionnaires sont plus nombreux au mur : 5000 en 1889 au sommet de l'agitation boulangiste, 10000 en 1899, au paroxysme de l'«affaire», quand les antidreyfusards s'essayent (piteusement) au coup d'État**. Le danger nationaliste fait bouger les lignes qui ordonnaient la commémoration. En 1900, Lépine tolère des couronnes plus explicites : « Aux morts pour la République » et « Aux victimes du nationalisme »***. Cette dernière, qui vise explicitement les antidreyfusards, souligne aussi les clivages au sein des porteurs de la mémoire communarde. Les révolutionnaires signifient ainsi aux ultranationalistes qu'ils n'ont aucun droit à se revendiquer de la Commune. En 1898, un dessinateur anarchiste du *Père Peinard* imagine des individus brûlant les couronnes mortuaires honorant les fédérés pour les

* TARTAKOWSKY Danielle, *Nous irons chanter sur vos tombes*, *op.cit.*, p. 195.
** Voir FOURNIER Éric, *La Cité du sang. Les bouchers de La Villette contre Dreyfus*, Libertalia, 2008.
*** REBÉRIOUX Madeleine, « Le mur des Fédérés », *op. cit.*, p. 629-636.

remplacer par des hommages du peuple parisien à l'armée. Le titre interpelle les lecteurs et se moque de ces anciens insurgés qui font cause commune avec les galonnés : « Ohé, les Parisiens, c'est aux fusilleurs qu'on décerne les couronnes maintenant? » En 1905, la loi sur la séparation de l'Église et de l'État est l'occasion d'insister à nouveau sur la modernité de la Commune, de mettre en valeur une filiation entre les luttes du passé et du présent. *L'Assiette au beurre* représente un couple éploré au pied du mur, rappelant que ces mesures laïques étaient d'actualité en 1871. Le titre du dessin est des plus explicites : « Au mur, les morts sont des vivants mêlés à nos combats*. » Cette continuité, cette communauté de destin revendiquée entre la Commune et les luttes sociales du présent, est à nouveau perceptible après la grande grève des vignerons du Languedoc de 1907. Les cortèges du Père-Lachaise s'approprient *Gloire au 17e*, la chanson de Montéhus qui glorifie la mutinerie de ce régiment refusant de faire feu sur les vignerons. « Vous auriez, en tirant sur nous, assassiné la République » prend au mur des Fédérés une signification nouvelle**.

### *L'autorité de la SFIO (1908-1914)*

Un tournant s'opère en 1908. La Ville de Paris accorde une concession perpétuelle aux morts de la fosse commune.

---

* TILLIER Bertrand, *La Commune de Paris. Révolution sans images ?, op. cit.*, p. 434.
** REBÉRIOUX Madeleine, « Le mur des Fédérés », *op. cit.*, p. 629-636. Sur les liens dans cette région entre la Commune de Narbonne et la révolte viticole de 1907, voir VERDEJO Xavier, « Impact de la Commune sur la vie politique dans le Narbonnais viticole », « Regards sur la Commune de 1871 en France », colloque de Narbonne, 24-26 mai 2011.

Cette très timide reconnaissance officielle du lieu participe d'une liberté d'expression accrue. L'injonction républicaine d'oubli s'effrite. En 1906, pour la première fois, le mot «Commune» est autorisé sur une tombe, celle de l'allemaniste Champy au cimetière de Pantin*. Les discours au mur sont à nouveau tolérés, et la montée de 1908 est marquée par l'inauguration de la première plaque commémorative, fort consensuelle : « Aux morts de la Commune / 21-28 mai 1871 » – pas aux héros, pas aux communards, pas aux martyrs, mais aux simples morts. L'évolution la plus importante est que l'organisation est menée par un parti socialiste unifié depuis 1905. La SFIO gère le rapport de force avec la police et impose son autorité aux autres groupes révolutionnaires.

Le socialisme français, nous l'avons vu, se reconstruit « en dehors, sauf de rares exceptions, de l'action des combattants de 1871 », note Benoît Malon. La SFIO entretient donc un rapport ambivalent à la Commune, entre fidélité et distance critique. Jaurès est ainsi très réservé sur les idéaux de la Commune de Paris. Les socialistes se contentent le plus souvent de conserver pieusement le souvenir héroïque de l'insurrection, de son martyre en premier lieu, sans insister sur un programme politique, dans lequel ils ne se reconnaissent pas ou plus, tel l'ancien communard Édouard Vaillant, qui affirme en 1903 : « Il ne s'agit pas de savoir si la Commune a fait ceci ou n'a pas fait cela, si elle eût raison de le faire différemment. Elle a combattu et cela suffit**. »

---

* TARTAKOWSKY Danielle, *Nous irons chanter sur vos tombes, op.cit.*, p. 72-73.
** ROUGERIE Jacques, « La Commune et la gauche », *op. cit.*, p. 100.

Cette mémoire limitée à la commémoration de la lutte s'accompagne d'une mobilisation indéfectible au mur. Dix mille personnes se réunissent en 1908 pour inaugurer la plaque commémorative. Le défilé de l'année suivante est extrêmement tendu. La commémoration s'enchevêtre à nouveau avec les luttes du présent. En 1908, la police du gouvernement Clemenceau a réprimé avec une brutalité inédite les grévistes de Draveil et de Villeneuve-Saint-Georges. Six militants ouvriers meurent sous les balles policières les 2 juin et 30 juillet. L'onde de choc de ces exactions est encore vive en mai 1909. La présence des hommes de Lépine, qui a de surcroît interdit que *L'Internationale* soit chantée, est perçue comme une provocation. Des incidents éclatent à la sortie de la nécropole. Confrontée à cette pression policière, contrainte aussi d'encadrer des cortèges plus nombreux, désireuse enfin d'imposer son autorité en interne, la SFIO accroît son emprise sur la montée au mur en 1910 par le biais de son service d'ordre – les « hommes de confiance » –, qui s'inspire des méthodes du socialisme allemand. Ce faisant, le parti de Jaurès impose un rapport de force à la préfecture. Trente mille personnes défilent sans encombre en 1911*.

La SFIO devient également hégémonique à l'intérieur du cortège. Chaque manifestation doit être une démonstration de l'unité et de la discipline socialiste. En 1911, les « hommes de confiance » expulsent de jeunes militants soupçonnés de dérive «hervéiste**». Quelques anciens communards, devenus

* TARTAKOWSKY Danielle, *Nous irons chanter sur vos tombes, op.cit.*, p. 92-94.
** Gustave Hervé représente une certaine extrême gauche de la SFIO, se distinguant régulièrement par la violence de ses positions discordantes, qu'il

étrangers aux nouvelles valeurs socialistes, peuvent aussi en faire les frais. En 1910, le vieux Eugène Faillet, autrefois proche de Varlin, est expulsé du cortège après avoir affirmé être trop convaincu « de la supériorité morale de la France » pour envisager d'adhérer à l'Internationale. Depuis les dérives boulangistes ou antidreyfusardes de quelques anciens combattants, l'apologie du nationalisme est d'autant plus proscrite que le socialisme européen s'engage dans une campagne pacifiste en ces temps de marche à la guerre.

C'est dans ce contexte de lutte antimilitariste que s'opère la commémoration de 1913, aussi impressionnante que singulière. La SFIO entend intégrer l'hommage aux communards à la mobilisation socialiste en cours contre la loi passant le service militaire de deux à trois ans. Louis Barthou, président du Conseil, menace d'interdire la commémoration au Père-Lachaise. Jaurès renonce à monter au mur et déplace l'hommage au meeting du Pré-Saint-Gervais, préférant la démonstration de force dans un espace neutre à l'épreuve de force dans un lieu symbolique. C'est un succès impressionnant. Cent cinquante mille personnes honorent la Commune et conjurent la guerre. Tous les discours commencent par un hommage aux fédérés. La une triomphale de *L'Humanité* met en scène une filiation directe entre la Commune et le refus de la guerre [voir illustration IV]. Un tel assemblage peut surprendre, tant les insurgés se considéraient comme des citoyens travailleurs en armes, mais il n'est pas artificiel. La Commune exécrait le

---

énonce dans son journal *La Guerre sociale*.

militarisme et la guerre entre les peuples. C'est pour cela qu'elle détruisit la colonne Vendôme, un « symbole de force brute et de fausse gloire, une affirmation du militarisme, une négation du droit international, une insulte permanente de vainqueurs aux vaincus* ». C'est pour les mêmes raisons que la SFIO mobilise au Pré-Saint-Gervais le 25 mai 1913.

En mai 1914, face à l'ampleur prise depuis quelques années par le souvenir de la Commune, la préfecture renonce à interdire le défilé. Plus de 40 000 personnes se rassemblent sans aucun incident. Depuis 1908, plusieurs signes d'apaisement émanent donc des républicains de gouvernement, certes de façon saccadée, sinon dans une discontinuité des plus fragiles. Faut-il cependant y voir une reconnaissance *a minima* de la Commune par la République, une intégration discrète de l'insurrection au « roman national » ou, au contraire, une Commune définitivement encombrante pour des républicains modérés ?

### *Un impossible consensus républicain (1880-1914) ?*

Nous nous sommes jusqu'à présent concentrés sur l'émergence des mémoires partisanes de la Commune, celles qui s'efforcent de perpétuer l'affrontement entre communards et versaillais. Or, au début de l'insurrection, de nombreux républicains – Hugo, Gambetta, Clemenceau entre autres – incarnent une position médiane, opposée à Versailles et très réservée sur Paris. Le rapport compliqué de la III$^{e}$ République

* *Journal officiel de la Commune de Paris*, 13 avril 1871.

à la mémoire de la Commune est un écho de cette position initiale, intenable dans une guerre civile. À peine énoncée, l'injonction d'oubli se révèle impossible, d'autant plus que les républicains de gouvernement eux-mêmes n'y répondent pas tout à fait et écrivent leur propre récit, afin de justifier l'oubli des événements, ce qui aboutit à une aporie.

Les premières histoires républicaines soulignent ce rapport ambigu à la Commune. Elles apprécient son républicanisme mais désapprouvent la révolution ; reconnaissent en Versailles la seule autorité légale mais en déplorent le royalisme*. À partir des années 1880, ces républicains oscillent entre deux tendances. La première, émanant de radicaux comme Camille Pelletan, est assez proche des communards. La seconde, plus importante, se rapproche de l'interprétation versaillaise**. Elle s'exprime avec force en 1895 dans *Le Manuel d'histoire de deuxième année* d'Ernest Lavisse, qui flétrit une Commune rendue responsable de la guerre civile « sous les yeux des Allemands ». Lavisse insiste sur les incendies et les exécutions d'otages, mais ne souffle mot de la Semaine sanglante. Après avoir timidement reconnu que la possibilité d'une restauration monarchique est le seul bémol à mettre au crédit des insurgés, il conclut : « De toutes les insurrections dont l'histoire ait gardé le souvenir, la plus criminelle fut certainement celle de mars 1871, faite sous les yeux de l'ennemi***. » La révolution est illégitime et

* Voir par exemple *L'Histoire de la guerre civile de 1871* du docteur et polygraphe Louis Fiaux en 1871.
** TOMBS Robert, *The Paris Commune 1871*, *op.cit.*, p. 192.
*** NORA Pierre, « Lavisse, instituteur national », dans NORA Pierre (dir.), *Les Lieux de mémoire*, *op.cit.*, vol. I.

la Commune antipatriotique. Cette mémoire modérément versaillaise faite par ceux qui ne sont pas modérément des républicains libéraux s'exprime également par l'hommage statuaire et monumental à Adolphe Thiers. En 1886, une imposante chapelle funéraire s'érige au cœur du Père-Lachaise, à proximité du monument dédié à Thomas et Lecomte*. Honorer l'homme le plus détesté des partisans de la Commune à l'endroit même où ils la commémorent ne répond pas précisément à une politique apaisante de l'oubli. Ces monuments très politiques peuvent entraîner des ripostes cinglantes. Ainsi, la statue de Thiers érigée à Saint-Germain-en-Laye est-elle dégradée en 1881 par des anarchistes revendiquant ce geste iconoclaste contre « le bandit, qui, il y a dix ans, ensanglanta Paris** ».

Outre la statuaire, les républicains de gouvernement peuvent s'appuyer sur l'école pour faire valoir leurs propres représentations. La guerre de 1870 et les débuts de la IIIe République figurent dans les programmes d'histoire du secondaire depuis 1882, tandis qu'à l'école primaire, il est demandé de poursuivre « jusqu'à nos jours*** ». La Commune

---

* Tartakowsky Danielle, *Nous irons chanter sur vos tombes*, *op.cit.*, p. 31.

** Tillier Bertrand, *La Commune de Paris. Révolution sans images ?*, *op. cit.*, p. 474.

*** Le fait de poursuivre les programmes d'histoire « jusqu'à nos jours » n'est pas une innovation scolaire récente exprimant la tendance au « présentisme » (Hartog), mais apparaît dès 1863. L'expression « jusqu'à nos jours » permet alors de conclure par l'expédition militaire au Mexique, fort mal engagée à cette date mais rattachée par ce procédé discursif aux victoires du second Empire dans un récit historique providentialiste. En d'autres termes, enseigner l'histoire « jusqu'à nos jours » permet de légitimer une politique présente en l'inscrivant dans une continuité historique. Un tel procédé n'est donc pas politiquement neutre et s'appuie sur le passé pour faire accepter le présent. Voir De Cock Laurence et Picard Emmanuelle (dir.), *La Fabrique scolaire de l'histoire*, Marseille, Agone, 2009.

est donc implicitement présente dans les programmes, et il est possible de la traiter. S'il est ardu de reconstituer les pratiques de classe effectives, les manuels donnent un indice sur l'évolution des représentations scolaires de ces questions sensibles. En 1876, Lavisse n'écrit pas le mot «Commune» dans son premier manuel pour le cours moyen, mais il énumère les monuments qu'elle a détruits. « L'instituteur national » est alors proche de la volonté de *damnatio memoriae* de l'Ordre moral : la Commune n'est pas nommée, seules restent ses fautes. Le discours de Lavisse évolue cependant quelque peu. Son manuel de 1912 est plus nuancé. L'accusation – infamante – d'antipatriotisme disparaît. D'autres manuels de l'enseignement public, comme de l'enseignement privé, suivent cette évolution vers une stricte neutralité et un refus de la guerre civile*. Et les torts sont de plus en plus équitablement partagés entre communards et versaillais, ce qui permet aussi de mettre en valeur une République libérale apaisante, raisonnable et pacificatrice.

Vers 1890, quelques romans relayent l'évolution de ces représentations républicaines, tout en ne parvenant pas à s'extraire d'une certaine ambiguïté. Ces œuvres expriment certes une volonté de réconciliation nationale, telle *La Commune* de Paul et Victor Margueritte (1904), dédicacée à la fois « aux vainqueurs et aux vaincus ». Mais, tout en excusant les communards sans les réhabiliter, ces fictions empruntent souvent

* Je remercie ici vivement Jean Leduc qui m'a transmis ces informations. Les manuels de la fin du XIXe siècle et du début du XXe siècle auxquels il se réfère sont notamment ceux de Ducoudray ou de Gautier-Deschamps (enseignement public) et de De Marne-De Gigord ou Baudrillard pour le privé.

des clichés versaillais – soulignant ainsi leur prégnance – pour décrire les insurgés. En 1896, *La Débâcle* de Zola dépeint ainsi l'ouvrier communard Chouteau : « C'était le pervertisseur, le mauvais ouvrier de Montmartre [...] flâneur et noceur, ayant mal digéré les bouts de discours entendus dans les réunions publiques mêlant les âneries révoltantes aux grands principes d'égalité et de liberté. » Inversement, le paysan devenu soldat versaillais Jean Macquart a droit à un tout autre portrait : « C'était la partie saine de la France, la raisonnable, la pondérée, la paysanne*. »

Cette mémoire républicaine se veut simple, mais achoppe en fait sur la complexité de la Commune, et peine à s'affranchir de mémoires versaillaises et communardes contradictoires, qu'elle essaye pourtant d'assembler ou de dépasser en un discours incertain, sinon discordant – en vain. Ces récits indécis n'arrivent pas à s'imposer aux mémoires antagonistes. L'épisode du monument de Paul Moreau-Vauthier *Aux victimes des révolutions*, acheté en 1907 par la Ville de Paris, l'atteste avec force [voir illustration V]. Cette sculpture ambiguë offre une grande variété de perceptions possibles. Jouant pleinement sur la symbolique du mur – des victimes fantomatiques, attendant sereinement la mort, émergent d'un mur criblé de balles –, ce monument tente de réconcilier toutes les victimes de toutes les révolutions, de monseigneur Darboy aux communards. Une femme symbolisant la Justice tentant d'endiguer la vengeance, mais évoquant quelque peu *La Liberté guidant le peuple* de Delacroix,

* *La Débâcle* citée par Lidsky Paul, *Les Écrivains contre la Commune*, *op. cit.*, pp. 107, 119.

s'offre en sacrifice entre les victimes et les bourreaux en une allégorie possible de la République modérée blessée par la guerre civile. Prévu pour être installé au mur des Fédérés qu'il concurrence dans sa forme et sa symbolique, ce bas-relief, initialement nommé *Le Mur des révolutions,* suscite l'opposition immédiate des partisans du mur authentique, refusant de partager leurs martyrs avec ceux de l'adversaire. Après des débats houleux au conseil municipal, le monument est installé en catimini dans un square attenant au mur ouest de la nécropole et est immédiatement boudé par les organisations révolutionnaires*.

La mémoire républicaine échoue globalement à s'imposer au-delà des républicains modérés, à infléchir les représentations versaillaises et surtout communardes, à l'exception notable de Lissagaray. L'édition de 1896 de l'*Histoire de la Commune de 1871* est en effet révisée dans le sens d'un « net apaisement républicain », selon Jacques Rougerie. Gambetta, Clemenceau et les républicains «opportunistes» bénéficient d'une certaine réhabilitation. La Commune devient une révolution plus républicaine que socialiste. Dans l'édition de 1896, enfin, Lissagaray insiste sur les tentatives de réconciliation. L'influence marxiste de l'édition de 1876 disparaît presque complètement dans cette édition définitive, certes révisée, mais dont les pages sur l'héroïsme puis le martyre de la Commune combattante continuent d'alimenter puissamment l'imaginaire propre à la « légende rouge » de l'insurrection**.

* TARTAKOWSKY Danielle, *Nous irons chanter sur vos tombes, op.cit.*, p. 71-73.
** ROUGERIE Jacques, « Écriture d'une histoire immédiate », *op.cit.*

En définitive, à la veille de la Grande Guerre, la mémoire de la Commune n'est pas intégrée de façon pacifiée au grand récit national républicain, mais tend à être perçue comme une allégorie, un conflit manichéen du bien et du mal, du progrès social contre la réaction, ou de la barbarie contre la civilisation, ou même de la République modérée contre tous les autres. Les sommations successives d'effacement, l'effacement infamant de l'Ordre moral comme l'effacement apaisant de l'ordre républicain se sont heurtés au mur des Fédérés, né en exil, puis construit en une lutte longtemps indécise. Le consensus s'avère également impossible du fait de l'usage politique intense du passé communard par les forces révolutionnaires lors de chaque crise politique majeure.

Aucune montée au mur n'a lieu durant la Première Guerre mondiale. Les usages mémoriels de la Commune sont submergés par un traumatisme immédiat, plus intense et plus global. Immédiatement après la guerre, la mémoire de la Commune est ranimée par les communistes et atteint son paroxysme pendant les années 1930. Le fait est d'importance tant la Grande Guerre est une rupture en matière de mémoires ouvrières. Les mémoires des luttes locales disparaissent sous l'effet conjugué de l'ampleur des pertes en vie humaines, de l'arrivée de nouveaux travailleurs immigrés ou ruraux, du développement enfin de modernes usines tayloristes, lieux neufs et rationalisés où la mémoire ne peut se transmettre. Cette disparition limite considérablement les mobilisations sociales et explique en grande partie l'atonie militante des années 1920*. Or, au milieu de ce champ de ruines mémoriel de l'entre-deux-guerres, le mythe de la Commune reste intact et se renforce notamment parce que « le propre du mythe est d'effacer les discontinuités, les ruptures, pour mettre en avant un discours homogène, sans failles** ». La Commune est au cœur de ce travail symbolique menée par les communistes puis les socialistes, visant à produire une continuité aussi légitimante que mobilisatrice en ces temps de profondes ruptures pour les forces révolutionnaires.

* NOIRIEL Gérard, *Les Ouvriers dans la société française. XIXe-XXe siècles*, Points-Seuil, 1986, p. 155-164.
** *Ibid.*, p. 154

CHAPITRE II

# CETTE GRANDE LUEUR À L'OUEST (1917-1971)

## POURQUOI LÉNINE EMBAUMÉ EST-IL DRAPÉ D'UN ÉTENDARD DE LA COMMUNE ?

Nous aurions pu également nous demander pourquoi l'un des trois premiers cuirassés de la marine soviétique est renommé « Commune de Paris » en 1921 ; pourquoi trois bataillons des Brigades internationales s'appellent « Commune de Paris », « Dombrowski » et « Louise Michel » ; pourquoi, *last but not least*, Youri Gagarine emporte-t-il avec lui un fragment de drapeau fédéré lors du premier vol spatial*? Les exemples spectaculaires de la filiation revendiquée avec la Commune par le communisme ne manquent pas. Elle procède de l'interprétation aussi simple que catégorique des réflexions de Marx, cette analyse faite dans l'urgence, parfois brillante, souvent sibylline – et de ce fait également prophétique.

### *Marx et la Commune*

Dans une phrase devenue célèbre de *La Guerre civile en France,* Marx dit de la Commune qu'elle est « un sphinx qui met l'entendement bourgeois à rude épreuve ». Or, ses

* TOMBS Robert, *The Paris Commune 1871*, *op. cit.*, p. 203.

propos sur l'insurrection forment également un « sphinx » qui met l'entendement des exégètes à rude épreuve. Son rapport à la Commune est en effet ambigu. En décembre 1870, il estime qu'un soulèvement serait prématuré et appelle « les ouvriers français [à] remplir leur devoir de citoyens, [à profiter] de la liberté républicaine pour procéder méthodiquement à leur propre organisation de classe. [...] De leur énergie et de leur sagesse dépend le sort de la république* ». Il ne préconise ni n'approuve le soulèvement de mars 1871. En 1881, dans sa correspondance privée, il estime que la majorité de la Commune n'était pas socialiste et que « le compromis favorable » avec Versailles était « la seule chose possible ». Bref, produite par « des circonstances exceptionnelles », la Commune ne s'insérait pas dans le sens de l'histoire selon Marx**.

Mais pendant la Commune il ne peut qu'être solidaire. *La Guerre civile en France* est un pamphlet rédigé dans l'urgence, presque consacré pour moitié à la condamnation des versaillais, notamment de Thiers, qualifié, entre autres, de « nabot monstrueux ». Le reste est un vibrant éloge d'une Commune aurore : « La classe ouvrière française n'est que l'avant-garde du prolétariat moderne » et « la Commune sera célébrée à jamais comme le glorieux fourrier d'une société nouvelle », car « son véritable secret, le voici : c'était essentiellement un *gouvernement de la classe ouvrière,* le

* MARX Karl, « Seconde adresse du Conseil général de l'Internationale sur la guerre franco-allemande », dans *La Guerre civile en France, op. cit.*

** Lettre à Nieuwenhuis, 22 février 1881, citée par SERMAN William, *La Commune de Paris, op. cit.*, p. 553.

résultat de la lutte de la classe des producteurs contre la classe des appropriateurs, la forme politique enfin trouvée qui permettait de réaliser l'émancipation économique du travail ». En conséquence, « la grande mesure sociale de la Commune fut sa propre existence ». Tel est le point le plus important, qui explique en grande partie la postérité de cette brochure et l'intense usage politique de la Commune par les communistes : l'insurrection parisienne selon Marx est le premier exemple historiquement réalisé du gouvernement de la classe ouvrière par elle-même, de l'abolition des structures de l'État bourgeois. Son échec est imputable essentiellement à des circonstances défavorables.

Cette question de l'abolition de l'État aboutit à une notion absolument centrale dans l'idéologie communiste : la « dictature du prolétariat ». Or, Marx n'utilise pas ce terme dans *La Guerre civile*, et, globalement, évoque rarement ce concept qu'il ébauche empiriquement sans vraiment le développer. Il en donne par exemple une définition sommaire en 1875, à l'occasion d'une lettre critiquant l'étatisme excessif du programme des sociaux-démocrates allemands : « Entre la société capitaliste et la société communiste se place la période de transformation révolutionnaire de celle-là en celle-ci. À quoi correspond une période de transition politique où l'État ne saurait être autre chose que la *dictature révolutionnaire du prolétariat**. » Le lien peut donc se faire aisément avec la Commune. Il est explicité par Engels dans sa préface de 1891 à une réédition de *La Guerre civile* :

* Cité par Rougerie Jacques, « La Commune et la gauche », *op. cit.*, p. 99.

« Cette classe ouvrière devait, d'une part, éliminer le vieil appareil d'oppression jusqu'alors employé contre elle-même, mais, d'autre part, prendre des assurances contre ses propres mandataires et fonctionnaires en les proclamant, en tout temps et sans exception, révocables. [...] Le philistin social-démocrate a été récemment saisi d'une terreur salutaire en entendant prononcer le mot de dictature du prolétariat. Eh bien, messieurs, voulez-vous savoir de quoi cette dictature a l'air? Regardez la Commune de Paris. C'était la dictature du prolétariat. »

Ainsi clarifiée à l'aune de l'expérience de la Commune de Paris vue par Karl Marx et interprétée par Engels, la dictature du prolétariat ne saurait être la dictature du parti au nom du prolétariat, mais bien plus la dictature du prolétariat sur le parti, le contrôle permanent des représentants par les représentés. Mais ce n'est pas ainsi que les communistes l'entendent.

### *Les communistes et la Commune*

L'expérience communarde fait débat au sein des groupes se réclamant du marxisme. Nous nous contenterons ici d'un rapide aperçu de ces controverses. Le théoricien orthodoxe Karl Kautsky estime que l'échec inévitable de la Commune est la preuve des dangers d'une révolution prématurée. En 1917, dans *L'État et la révolution,* Lénine lui réplique que la victoire de la Commune était possible; qu'elle est morte de sa cacophonie tant politique qu'organisationnelle et de son excessive modération. Il reproche à la Commune d'avoir poursuivi des objectifs contradictoires, d'être à la fois patriotique et socialiste. Il attribue cette dimension patriotique, ainsi que sa retenue, à la présence d'éléments bourgeois. Néanmoins, la Commune, quels que soient ses défauts, constitue bien un prototype pour la mise en œuvre de « la dictature du prolétariat », mais dans un sens très différent de celui suggéré par Marx. À l'inverse d'une Commune handicapée par un manque de discipline, dispersant sa force dans une effervescence anarchique – comme les soviets en 1917 selon les bolchéviques –, la « dictature du prolétariat » à laquelle invite la Commune de Marx relue par Lénine est centralisée, disciplinée, organisée. On peut la définir sommairement comme la dictature provisoire du parti représentant le prolétariat sur les anciennes classes dirigeantes. Bien qu'imparfait, le poids symbolique de « l'avant-garde du prolétariat moderne » de 1871 est tel, que Lénine compare régulièrement le processus révolutionnaire de 1917 à une Commune de Paris qui lui sert de référence et d'aiguillon plus que de modèle. Il emmène dans ses bagages un exemplaire de *La Guerre civile en France* lorsqu'il doit se réfugier en Finlande en juillet 1917. Porté au pouvoir par la révolution d'Octobre, il exulte après avoir tenu soixante-douze jours, au moment même où il dépasse la durée de la Commune.

Au-delà du fait que son souvenir semble apte à déclencher ponctuellement l'enthousiasme de Lénine, quelles sont les fonctions de ces références récurrentes à l'insurrection parisienne par les bolchéviques en 1917 ? En premier lieu, le souvenir du martyre d'une Commune généreuse et inorganisée leur permet de justifier leur propre terreur, sur leurs ennemis comme sur les autres groupes révolutionnaires. C'est la conclusion de Trotski dans *La Commune de Paris et la Russie des soviets* rédigée dans l'atmosphère martiale de son train blindé en 1920 : « La Commune a été faible. Pour achever son œuvre, nous sommes devenus forts. On a écrasé la Commune. Nous portons coup sur coup à ses bourreaux. La Commune, nous la vengeons, et nous prenons sa revanche*. » Il énonce ensuite de façon lapidaire la leçon essentielle à retenir aux yeux des marxistes-léninistes : « Nous pouvons ainsi feuilleter page par page toute l'histoire de la Commune, et nous y trouverons une seule leçon : il faut une forte direction de parti. » La deuxième fonction de cette filiation revendiquée est de rattacher le bolchévisme russe au socialisme européen**. Les premiers bolchéviques sont sur la défensive au regard de l'immaturité de la Russie, selon l'analyse marxiste orthodoxe qui estime que les possibilités objectives d'une révolution ne sont pas réunies dans ce pays industriellement peu développé. Les communistes, comme les communards avant eux, mènent donc leur lutte dans des conditions historiques particulières et défavorables. Dans le même ordre d'idées, la référence à l'insurrection parisienne est censée leur éviter de passer pour des barbares asiatiques, d'être

* Première édition en français : Librairie de l'Humanité, 1921. Cité par SAWER Marian, « The Soviet Image of the Commune : Lenin and beyond », dans LEITH James A. (dir.), *Images of the Commune*, Montréal, 1978, p. 256.

** *Ibid.*, p. 245.

réduits à « un blanquisme à la sauce tartare », selon le bon mot du socialiste français Charles Rappoport en 1917*.

Exemple aussi édifiant qu'héroïque, dont l'échec légitime la stricte discipline et la radicalité du parti communiste, le souvenir de la Commune se déploie dans le monde communiste pendant plus d'un demi-siècle. Cette mémoire s'exprime avec plus d'intensité encore au sein du Parti communiste français (PCF). Elle traduit en premier lieu la fidélité à l'URSS que les militants considèrent comme un modèle, plus encore comme leur véritable patrie. À partir de 1921, la traduction de *La Commune de Paris et la Russie des soviets* leur « permet de mesurer dorénavant la Commune à l'aune nouvelle de l'expérience soviétique et non plus à l'état d'avancement de la République », note Danielle Tartakowsky**. À l'échelle de l'Internationale communiste, cette filiation donne aussi une position privilégiée au PCF. À l'échelle de la France, commémorer la Commune se révèle enfin fort utile pour atténuer les accusations récurrentes d'antipatriotisme. Autant de raisons pour disputer l'héritage de la Commune à la SFIO.

## L'HISTOIRE S'ÉCRIT AU MUR (1920-1939)

La Commune est plus que jamais à l'ordre du jour. Sous l'impulsion des communistes, l'entre-deux-guerres

* Cité par TOMBS Robert, *The Paris Commune 1871*, *op. cit.*, p. 201.
** TARTAKOWSKY Danielle, *Nous irons chanter sur vos tombes*, *op.cit.*, p. 103.

est le paroxysme de ses usages mémoriels par les mouvements révolutionnaires. La presse militante accorde une place aussi importante et constante qu'avant-guerre aux textes de Lissagaray, de Pottier et surtout de Louise Michel. À ces images évocatrices s'ajoutent, fait nouveau, les textes de Marx, finalement assez peu connus auparavant. Surtout, les montées au mur mobilisent des cortèges d'une importance inédite, 20000 personnes en moyenne entre 1920 et 1939, avec des records historiques de mobilisation pendant le Front populaire. Ces usages mémoriels se déroulent en deux phases très différentes qui soulignent la grande plasticité politique de l'événement. Jusqu'en 1934, ils sont déterminés par un affrontement symbolique entre le PCF et la SFIO, avant d'être intégrés avec beaucoup d'efficacité à l'unité du Front populaire.

### *L'hégémonie du PCF (1920-1934)*

Les communistes français considèrent la Commune, une Commune devenue protosoviétique plus précisément, comme leur héritage exclusif et lui accordent une place centrale dans leur propagande. Ils perpétuent le rituel annuel du Père-Lachaise, tout en développant de nouvelles formes de commémorations, qui rattachent systématiquement la Commune au présent des luttes communistes.

Immédiatement après la guerre, l'hommage au Père-Lachaise renaît et se déploie en de denses cortèges: 16000 participants en mai 1919 et 12000 en 1920, à la veille du congrès de Tours. Immédiatement après la scission, le parti communiste prend possession du mur. Dès 1921, à peine 1 000 socialistes défilent face à 20 000 communistes. Alors que les cortèges communistes réunissent entre 15 000 et 25 000 personnes jusqu'en 1934, la SFIO n'en aligne jamais plus de 4 000. Certaines années, la « vieille maison » se révèle même incapable d'aligner un cortège digne de ce nom*. Pour les socialistes, la Commune se vide de toute signification précise et les militants se rendent au mur par devoir ou par habitude. Ce sont les communistes qui ancrent la Commune dans le présent. L'extrême radicalité de ce parti limite considérablement sa possibilité à manifester. Chaque rassemblement s'accompagne du déploiement d'un impressionnant dispositif policier et se conclut fréquemment par des affrontements. Dans ces conditions, l'hommage rituel aux morts de la Commune est l'une des rares occasions d'investir l'espace public et d'opérer une démonstration de force**. Le jeune parti communiste, qui recrute essentiellement dans une nouvelle génération de militants, s'inscrit à bien des égards en rupture avec les mouvements révolutionnaires du XIXe siècle, tant dans son idéologie que dans ses pratiques***. Mais, à l'occasion de la montée au mur, ils empruntent au répertoire d'action collective propre au siècle précédent, pour le renouveler.

Lors de ces cérémonies, les représentations de la Commune sont conformes au dogme marxiste-léniniste.

---

* *Ibid.*, p. 100.

** *Ibid.*, p. 105.

*** Noiriel Gérard, *Les Ouvriers dans la société française, op. cit.*, p. 164-169.

Ainsi, en 1926, la une de *L'Humanité* est des plus explicites [voir illustration VI] : « Debout Paris, devant les morts de la Commune ![*] » C'est bien la Commune martyre qui est honorée, ce qui est aussi une façon d'évoquer sa fatale modération. C'est également la Commune «aurore» qui réunit les communistes : « 1871-1917-19...? » s'interroge l'organe central du parti. C'est enfin la Commune combattante qui est valorisée. Cette même année, les Groupes de défense antifascistes (GDA) effectuent leur défilé inaugural au mur. Proches de l'Association républicaine des anciens combattants (Arac), les GDA sont le fer de lance du service d'ordre communiste, chargé de disputer la rue aux ligues et autres groupuscules fascistes. La veille du défilé, Zéphirin Camélinat, ancien communard et membre du PCF, leur remet le drapeau des vétérans de la Commune, lors d'une cérémonie au gymnase Huyghens[**]. Les GDA imitent jusqu'au mimétisme les rituels paramilitaires du Rote Frontkämpferbund (RFB), le groupe d'autodéfense du Kommunistische Partei Deutschlands (KPD). Uniformément vêtus d'une blouse de toile kaki, d'un béret basque, et armés d'une canne[***], ils sont les premiers à importer en France la gestuelle antifasciste du poing levé lors de la montée au mur du 29 mai 1927[****]. La remise du drapeau est également empruntée au RFB. La fonction d'une telle cérémonie est explicite : « Tout l'appareil

* *L'Humanité*, 30 mai 1926.
** *L'Humanité*, 29 mai 1926.
*** TARTAKOWSKY Danielle, *Le Pouvoir est dans la rue. Crises politiques et manifestations en France*, Aubier, 1998, p. 63.
**** *L'Humanité*, 30 mai 1927.

symbolique des communistes allemands visait à produire une identification avec la Russie soviétique; ainsi était-il d'usage de procéder à des échanges de drapeaux entre régiments du RFB et de l'armée rouge soviétique », remarque Philippe Burrin*. En France, le processus d'identification se fait *via* la référence à la Commune, qui constitue manifestement un substitut honorable à l'Armée rouge. Le PCF met ainsi en scène sa filiation privilégiée avec l'URSS tout en délivrant un message clair pour les luttes à venir. Les GDA, dans un combat ininterrompu depuis 1871, doivent s'inspirer du sacrifice de leurs aînés et faire mieux qu'eux pour éviter la réitération de la Semaine sanglante face à des fascistes assimilés à des versaillais. Paul Vaillant-Couturier, commentant la scène de la remise du drapeau, insiste sur cette continuité : « Et je voyais briller dans les yeux du vieux barricadier l'éclair des certitudes de revanche**. »

Zéphirin Camélinat, symbole vivant de l'attachement du parti à 1871, tient un rôle central dans sa propagande. Né en 1840 dans l'Yonne, cet ouvrier bronzier renommé adhère à la Première Internationale dès sa création, débutant ainsi presque soixante-dix ans de militantisme révolutionnaire ininterrompu. Défenseur de la capitale durant le siège prussien, puis nommé directeur de la Monnaie de Paris par la Commune, il échappe à la répression versaillaise et s'exile dix ans en Angleterre. Élu député socialiste de la

* Burrin Philippe, « Poings levés et bras tendus. La contagion des symboles au temps du Front populaire », *Vingtième siècle, revue d'histoire*, n° 11, juillet-septembre 1986, p. 5-21.
** *L'Humanité*, 30 mai 1926.

Seine de 1885 à 1889, il souligne l'enchaînement de ses luttes lorsqu'il remercie ses électeurs : « Ancien militant de l'Internationale, ancien combattant de la Commune de Paris, je m'efforcerai d'être à la Chambre l'homme de mon passé, communaliste et socialiste. » Figure respectée du mouvement ouvrier, il milite activement à la SFIO, dont il devient le trésorier. Lors de la Première Guerre mondiale, il se range derrière les socialistes favorables à « l'union sacrée » puis maintient cette position. La question du nationalisme – et de ses usages politiques si différents de ceux du premier XIX^e siècle – divise toujours autant les anciens communards. En effet, le 30 mars 1917, au cours d'une réunion privée de l'Association fraternelle des anciens combattants et amis de la Commune, il se fait huer par une partie des 150 personnes assistant à la réunion pour avoir déclaré : « Il faut lutter jusqu'à notre entrée à Berlin pour y proclamer la république. » Camélinat semble donc encore imprégné du rêve quelque peu désuet en 1917 d'une révolution jacobine dont les armées apporteraient les lumières de la république sociale après avoir vaincu les tyrans. Cet homme du XIX^e siècle rejoint pourtant les communistes au congrès de Tours, sans doute parce qu'il a toujours abhorré les divisions internes au camp révolutionnaire. Il rallie donc la majorité. Membre du conseil d'administration de *L'Humanité*, il contribue de façon décisive à en faire l'organe du PCF*. Jusqu'à sa mort en 1932, Camélinat

* MAITRON Jean (dir.), *Dictionnaire biographique du mouvement ouvrier et du mouvement social*, notice « Camélinat Zéphirin », accessible sur http://maitron-en-ligne.univ-paris1.fr/

est le vétéran exemplaire du parti, dont il est le candidat à l'élection présidentielle de 1924. Il recueille 21 voix au sein des parlementaires, soit 2,46 % du total des inscrits*. Par la présence sans cesse exhibée de ce vétéran de 1871, le PCF répond à ceux qui l'accusent d'être une organisation incongrue rompant avec les héritages révolutionnaires et se met au contraire en scène comme l'aboutissement logique des luttes et des organisations qui l'ont précédé.

Camélinat lui-même s'investit dans cette production symbolique de continuité en redonnant vie à l'association des anciens de la Commune. Créée après le retour d'exil, l'Association fraternelle des anciens combattants de la Commune devient en 1914, sur proposition de Séverine**, la Société fraternelle des anciens combattants et des amis de la Commune. En 1929, Camélinat la renomme Association des vétérans et des amis de la Commune. Sous son influence, l'organisation devient très proche du parti communiste et les quelques anciens communards sont régulièrement mobilisés par celui-ci pour participer aux diverses manifestations***.

La mémoire de la Commune permet donc aux communistes français de se rattacher à la fois au passé révolutionnaire national et au présent de la révolution russe. En 1924, une cérémonie d'échanges de drapeaux illustre

* Sous la IIIe République, le président est élu par les députés et les sénateurs.
** Caroline Rémy, dite Séverine (1855-1929), secrétaire de Jules Vallès (qu'elle rencontre lors de son exil) jusqu'à la mort de celui-ci, collaboratrice du journal féministe *La Fronde,* de sensibilité libertaire, est la première journaliste française engagée de renom.
*** RÉBÉRIOUX Madeleine, « Le mur des Fédérés », *op. cit.*, p. 630.

spectaculairement l'intérêt de l'URSS pour la Commune et le prestige qu'en retire le PCF. À l'occasion de la mort de Lénine, les partis frères procèdent à un échange de bannières. Un authentique étendard fédéré est offert comme suaire révolutionnaire destiné à la momie de Lénine. En échange, les ouvriers de Bakou offrent aux Français un drapeau neuf sur lequel est inscrit en lettres d'or : « Aux ouvriers, aux communistes de France, suivez l'exemple de la Commune de Paris de 1871. Luttez pour le communisme*. »

Cette même année, le 23 novembre, plusieurs centaines de milliers de personnes suivent le transfert des cendres de Jaurès au Panthéon, à l'initiative du cartel des gauches. Le PCF, contre cette union gouvernementale gravitant au centre gauche, conteste avec virulence cette cérémonie, la considérant comme une récupération de Jaurès par une république illégitime, car irrémédiablement versaillaise. Paul Vaillant-Couturier exhorte ainsi les milliers de contre-manifestants communistes appelés à défiler « derrière le cercueil de Jaurès** » : « En défilant devant le Panthéon, saluez, avec le souvenir de Jaurès, l'un des plus sanglants combats de la Commune. La bourgeoisie de Versailles est toujours au pouvoir. Vous ne l'en chasserez que les armes à la main***. » Le Panthéon est donc considéré ici comme un des lieux de mémoire de la Commune

---

* TARTAKOWSKY Danielle, *Nous irons chanter sur vos tombes, op.cit.*, p. 107.

** *L'Humanité*, 25 novembre 1924, cité par TARTAKOWSKY Danielle, *Le Pouvoir est dans la rue, op. cit.*, p. 58.

*** Cité par BEAUPRÉ Nicolas, *Les Grandes Guerres (1914-1945)*, Belin, 2012, p. 645-646.

combattante et martyre, et en aucun cas comme celui d'une république faussement consensuelle, née dans le sang des communards et que la voie réformiste ne pourra jamais amender. Par leurs usages sans concessions de la mémoire de l'insurrection, les communistes refusent toute alliance républicaine, se distinguent des forces de gauche, mais s'isolent encore un peu plus dans le paysage politique. Cet isolement culmine en 1928, quand ils adoptent la ligne politique « classe contre classe », qui rend absolument impossible tout rapprochement avec les socialistes, et celle de la « défense de la patrie du socialisme », qui fait définitivement de ce parti un ennemi de l'intérieur. La montée au mur de 1929 traduit cette radicalité accrue. La Commune doit désormais s'accorder à la « défense de la patrie du socialisme ». *L'Humanité* multiplie les anachronismes mobilisateurs, tant pour assimiler totalement cette révolution parisienne à la révolution communiste mondiale que pour flétrir une république restée versaillaise. L'organe du parti titre « Les nouveaux versaillais » pour honnir les autorités et appelle « au mur dimanche [...] contre les menaces de nos impérialistes contre la Commune soviétique » et pour honorer les « Communes de Shanghai et de Canton ». Lors du défilé, des affrontements éclatent avec les hommes du préfet Chiappe. Des heurts éclatent à nouveau en 1930*. La commémoration de l'insurrection renoue avec une radicalité conflictuelle qui s'était quelque peu estompée à la veille de la guerre.

---

* *L'Humanité*, 25 au 27 mai 1929; 26 mai 1930.

Confrontés à ces usages intenses de la Commune, les socialistes la réinvestissent timidement au début des années 1930. En 1933, ils font eux aussi défiler au mur leur groupe d'autodéfense, les Jeunes Gardes socialistes*.

*Front commun, mur commun (1934-1939)*

Après la très violente émeute du 6 février, dans laquelle les forces de gauche voient une tentative de coup d'État fasciste, la rue parisienne redevient un espace central qu'il faut disputer à l'extrême droite. Dans le même temps, la prise du pouvoir par les nazis et l'anéantissement du KPD entraînent l'abandon de la ligne « classe contre classe », remplacée par celle du « front commun » antifasciste en juin 1934. La Commune est alors invoquée pour tenir la rue et favoriser l'unité antifasciste. Le Front populaire est certainement le moment où l'impact de la Commune sur la vie politique française, sa capacité mobilisatrice, est le plus fort, de 1871 à nos jours.

Au lendemain de l'émeute, la situation est des plus tendues. Le gouvernement interdit la manifestation communiste du 9 février pour la « dissolution des ligues » et pour un « gouvernement ouvrier et paysan ». Le parti maintient son appel et les militants, menés par Jacques Doriot, tentent de se déployer dans le nord-est parisien. Les affrontements mortels avec la police font six victimes dans les rangs des manifestants. La Commune est immédiatement

* TARTAKOWSKY Danielle, *Nous irons chanter sur vos tombes, op.cit.*, p. 105.

citée par le PCF afin de soulever la population contre de nouveaux versaillais qui, en cette heure indécise où la ligne « classe contre classe » s'effrite à l'épreuve des faits tout en étant maintenue, sont autant les nervis d'extrême droite que la police républicaine. « Les ouvriers de Paris à l'assaut du ciel », clame Louis Aragon, tandis qu'une dépêche de presse adressée aux *Izvestia*[*] énonce : « Jamais depuis la Commune le prolétariat parisien n'avait fait une telle démonstration de force combattive et légendaire[**]. » « Ces quartiers révolutionnaires où demeurent les héritiers directs des communards ne peuvent rester inactifs », peut-on également lire dans la presse du parti. L'hebdomadaire *Regards* écrit que les « victimes des meurtres policiers ont pris place à côté de celles de la Commune[***] ». Effectivement, les six morts sont enterrés au Père-Lachaise le 17 février, lors d'une cérémonie qui emprunte autant aux scénographies antifascistes d'outre-rhin qu'aux rituels liés à la mémoire de la Commune. L'Association des vétérans et amis de la Commune est placée au centre de cet « appel communiste des morts[****] », de ceux qui viennent de tomber, comme de ceux enfouis au pied du mur. « Aujourd'hui les fils de la Commune accompagneront les combattants morts » titre *L'Humanité* du 17 février. De fait, une quinzaine de vieillards sont placés en tête du cortège funèbre. Le défilé est rythmé par les slogans du présent : « Front rouge ! », « Les

---

* « *Les Nouvelles* », l'un des principaux quotidiens soviétiques avec la *Pravda*.
** Tartakowsky Danielle, *Le Pouvoir est dans la rue*, *op. cit.*, pp. 101-102.
*** Tartakowsky Danielle, *Nous irons chanter sur vos tombes*, *op.cit.*, p. 112, 129.
**** Burrin Philippe, « Poings levés et bras tendus », *op. cit.*, p. 15-16.

soviets partout, les flics assassins ». Mais, une fois entré dans la nécropole, le passé est mobilisé. Marcel Cachin rappelle la lecture léniniste de la Commune, encore conforme à la ligne « classe contre classe » : « La leçon de l'histoire est inscrite sur le mur des Fédérés [...], la bourgeoisie ne renoncera jamais à utiliser les armes. » Puis, pour accueillir les victimes du 9 février, « les vétérans de la Commune prennent place. Ils sont salués par une formidable ovation : "Vive la Commune !" » L'enchevêtrement mobilisateur du passé et du présent est alors à son comble. « C'est l'appel des combattants tombés », des manifestants que *L'Humanité* appelle des «barricadiers». Les vétérans de la Commune, poing levé, forment une garde d'honneur autour des cercueils devant lesquels défile le dense cortège, poing levé, drapeaux déployés*.

Cet intense usage de la Commune ne doit pas masquer qu'il reste cantonné à un parti communiste encore isolé. Les autres acteurs de l'émergence du Front populaire convoquent des références historiques différentes. Les impressionnantes manifestations de défense républicaine du 12 février, acte de naissance du Front populaire, réunissent 300 000 personnes à Paris et de forts cortèges dans toute la France. La Commune est absente de ces défilés, qui s'inscrivent symboliquement dans une histoire révolutionnaire et républicaine plus large. À Lyon, on défile place de la République, à Limoges sur le Champ-de-Juillet (en hommage à la révolution de 1830). La province assimile

* *L'Humanité*, 17 et 18 février 1934.

les ligues factieuses aux «blancs», aux contre-révolutionnaires de toutes sortes. Dans plusieurs endroits, le souvenir des résistances locales au coup d'État bonapartiste du 2 décembre 1851 est réactivé*.

Dans ce contexte, le rituel communiste au mur des Fédérés du 28 mai 1934 est un moment de transition où s'expose nettement la gamme des usages possibles de la Commune par le parti et sa capacité à la rendre présente. La une de *L'Humanité* en appelle à « l'unité d'action à la base », clame « ouvrier socialiste avec nous » et évoque leur présence (4000 selon la police) ainsi que celle de pacifistes ou d'anarchistes, défilant aux côtés d'un PCF qui se considère comme le plus légitime pour organiser l'unité populaire [voir illustration VII]. L'imaginaire martial de la Commune est également exploité avec une intensité rare. Trente-cinq mille manifestants communistes deviennent « cent mille combattants au mur », de modernes «barricadiers» prêts à offrir sa revanche à la Commune. Ce faisant, les communistes attisent « l'affrontement simulé des années 1930** », ce simulacre de guerre civile, qui s'accorde aisément au souvenir de la dernière guerre civile effective. Mais l'effervescence de cette veillée d'armes symbolique, attisée autant par l'agitation des ligues que par la violence des affrontements ayant eu lieu en Allemagne, ne doit pas faire oublier la nécessaire discipline du parti. Marcel Cachin conclut

* Tartakowsky Danielle, *Le Pouvoir est dans la rue, op. cit.*, p. 103-110.

** Berstein Serge, « L'affrontement simulé des années 1930 », *Vingtième siècle, revue d'Histoire*, n° 5, janvier-mars 1985, p. 39-53.

que les manifestants « ont rappelé au camarade Doriot la nécessité de [...] se soumettre à la discipline [de l'Internationale]. C'est le cri qui serait sorti du mur si les grands morts de 1871 avaient pu se lever de leur tombe pour réclamer vengeance à leurs successeurs* ». En invoquant des fédérés censés avoir découvert *post mortem* les vertus du « centralisme démocratique », Cachin rompt le lien filial, organique, que chaque camarade doit entretenir avec la Commune et prononce de ce fait l'exclusion symbolique de Doriot, qui est définitivement prononcée par le parti le 27 juin, un mois après l'anathème du mur.

Lors de la montée communiste de 1934, le mur sépare autant qu'il unit, participant à l'élaboration d'une barricade allégorique entre les antifascistes unis et leurs ennemis variés, se dressant aussi entre Doriot et le parti. Le 27 juillet 1934, le pacte d'unité d'action antifasciste est ratifié, et des organisations divisées depuis 1920 scellent l'alliance retrouvée. De 1935 à 1936, le PCF affine son positionnement unitaire et intègre la Commune à une histoire moins conflictuelle, plus républicaine. L'insigne officiel de la commémoration de 1935 est une réplique du *Triomphe de l'ordre,* celle de 1936 une reproduction du monument si consensuel de Moreau-Vauthier, *Aux victimes des révolutions*. Le PCF découvre surtout les vertus unitaires de la Révolution française. Si l'appel au mur de 1935 sollicite encore exclusivement le « Paris des fils de la Commune », celui de 1936 s'adresse « au Paris du 14 juillet 1789 et

* *L'Humanité,* 28 mai 1934.

de la Commune de 1871* ». Cette référence accrue à la Révolution constitue une inflexion majeure de l'imaginaire historique propre à la culture communiste. Auparavant, le PCF organisait des contre-manifestations le 14 juillet, sans grand succès d'ailleurs, et affirmait encore en 1933 : « Laissons le 14 juillet aux bourgeois. Leur fête est aussi morte, aussi stérilisée, que le Palais-Royal [...]. Notre fête à nous c'est, avec le 18 mars 1871, l'anniversaire de la révolution d'octobre 1917**. » De 1920 à 1935, la presse communiste évoque à peine les épisodes révolutionnaires. À partir du 14 juillet 1935 – quand 500 000 personnes manifestent à Paris pour « le pain, la paix, la liberté » dans une mise en scène empruntant à la fête de la Fédération de 1790 – et jusqu'en 1939, la Révolution fait irruption dans *L'Humanité*, à raison d'un article par semaine en moyenne, et devient une « mine inépuisable d'analogies et d'exemples unificateurs », remarque François Hincker***. Pour être sûr de rester dans les limites d'une mémoire consensuelle, le discours communiste traite presque exclusivement de la période 1789-1792, au cœur du récit républicain. Ceci souligne à quel point, au début des années 1930, la mémoire de la Commune reste un objet conflictuel, à la différence de celle de la Révolution, qui, une fois ses aspérités jacobines gommées, peut rassembler très largement, des communistes aux radicaux les plus modérés.

---

* TARTAKOWSKY Danielle, *Nous irons chanter sur vos tombes*, *op.cit.*, p. 144-146.
** *L'Humanité*, 14 juillet 1933.
*** HINCKER François : « La lecture de la Révolution française par le Parti communiste français », *Communisme*, n° 20-21, 1988-1989, p. 101-110.

Cet *aggiornamento* révolutionnaire du PCF, si l'on ose dire, qui associe 1789 à 1871, permet à la mémoire de la Commune d'être à son tour, à partir de 1935, un élément renforçant l'unité populaire. La montée au mur de cette année-là est le défilé de l'unité retrouvée [voir illustration VIII]. Un cortège unitaire, mêlant socialistes et communistes, comprenant près de 60 000 personnes selon la police, 200 000 selon les organisateurs, rejoint le mur des Fédérés. *L'Humanité* pavoise : « C'était hier le triomphe du Front populaire. » Le défilé du 25 mai 1936 est celui de la victoire, perçue comme la revanche de la Commune*. C'est également celui de tous les records : 600 000 selon les organisateurs, presque autant selon la police [voir illustrations IX et X]. Léon Blum y participe. Pour la première fois, un président du Conseil, désigné mais non encore nommé, est présent; pour la première fois, la Commune est l'occasion d'exprimer un large consensus, des radicaux aux communistes; pour la première fois donc, la majorité parlementaire l'honore. En ce sens, il s'agit effectivement d'une « journée historique ». De plus, cette manifestation de masse a un impact direct sur les occupations d'usines. Dans les trois jours qui suivent la commémoration, tous les grands établissements métallurgiques de la région parisienne se mettent en grève, donnant ainsi une accélération à l'explosion sociale**. En ce printemps de grèves spontanées, la mémoire de la Commune mobilise pour les

* *L'Humanité*, 24 mai 1936.

** TARTAKOWSKY Danielle, *Nous irons chanter sur vos tombes…*, *op.cit.*, p. 131-133.

luttes du présent, avec une efficacité inégalée. Des travailleurs, pour la plupart sans expérience militante, s'approprient spontanément leur lieu de travail, leur quartier. Mais c'est sans doute moins le souvenir de la Commune que la seule ampleur de la manifestation du 25 mai, et la présence de Blum, qui encourage ce mouvement parti d'en bas, aussi radical que festif. De telles pratiques auraient pu évoquer celles de « Paris, ville libre », mais c'est alors la Commune interprétée par le marxisme-léninisme qui domine, une Commune martyre invitant à la discipline, et non la Commune vue comme une fête populaire de reconquête de l'espace urbain capitaliste, qui ne se développe qu'à la fin des années 1960. En conséquence, la connexion ne se fait pas, semble-t-il, entre les pratiques des grévistes de 1936 et celles de la Commune de Paris. En écho aux usages de 1789-1792 découverts par le PCF, les grévistes intègrent la république jacobine à leurs scénographies. Ainsi, lors des manifestations des ouvriers de Renault à Billancourt, les drapeaux rouges et tricolores encadrent des portraits de Blum et de Cachin, qu'accompagne la République en bonnet phrygien*.

La tolérance nouvelle des marxistes-léninistes pour une révolution républicaine constituant un facteur d'unité du Front populaire infléchit leurs représentations de la Commune. Lors de la montée au mur de 1937, placée sous le signe de la solidarité avec les républicains espagnols, Marcel Cachin affirme que « c'est à la Commune [...] que

* Noiriel Gérard, *Les Ouvriers dans la société française*, *op. cit.*, p. 191.

la République doit sa naissance et son originalité* ». Après avoir utilisé la Commune pour se distinguer radicalement du roman national républicain, les communistes exploitent à présent l'élément le plus apte à produire un consensus : la Commune fut une insurrection éminemment républicaine. Au moment précis où ils associent 1871 à la défense du régime, un certain discours d'extrême droite s'empare des fédérés pour, au contraire, accabler une démocratie qu'ils détestent. Tout comme la rue, la mémoire de l'insurrection doit être disputée aux ennemis de la République.

### *Les nationalistes et la Commune*

La puissance mobilisatrice de la Commune, sa force évocatrice, ne laisse pas indifférente une partie de l'extrême droite la plus violente, celle qui est fascinée par le fascisme. Immédiatement après le 6 février, un conseiller municipal parisien proche des Ligues exige, en vain, la pose d'une plaque commémorative place de la Concorde, où serait gravé : « Le 6 février, pour la première fois depuis 1871, un gouvernement a osé faire tirer sur le peuple de Paris**. » La Commune n'est pas nommée, seuls restent les crimes de la République libérale. Mais, hors quelques références ponctuelles de cet acabit ou quelques actions timides, la Commune constitue un élément secondaire des représentations et des pratiques politiques de ces nationalistes, qui échouent à s'imposer au mur face

* *L'Humanité*, 30 mai 1937.
** Tartakowsky Danielle, *Nous irons chanter sur vos tombes, op.cit.*, p. 113

à de vigilants antifascistes. En mai 1935, une délégation du groupuscule fasciste de Marcel Bucard, le Francisme, se rend au Père-Lachaise. Ils découvrent leur uniforme à proximité du mur et déposent une gerbe, immédiatement ôtée par l'administration de la nécropole pour éviter tout incident. L'année suivante, la police note la présence de nombreux «curieux» et autres «badauds» dans les allées du cimetière dès l'aube, comprendre des membres du service d'ordre communiste. Leur présence empêche les francistes de former un cortège. Ils en sont réduits à déposer furtivement une gerbe, promptement retirée, sur laquelle est inscrit : « Aux patriotes anticapitulards de la Commune, les francistes. » En 1937, Doriot, rejoint par Solidarité française, parvient à se rendre au mur*. Un an plus tard, Robert Brasillach emmène l'équipe de *Je suis partout* au Père-Lachaise. Il y dépose une couronne dédiée à ces Parisiens «égarés» qui furent les « premières victimes du régime** ». L'usage de la Commune par l'extrême droite évoluant dans le « champ magnétique des fascismes*** » est donc ambigu. Il ne s'inspire que partiellement du discours de la droite contestataire née lors du boulangisme, qui glorifiait avec force la Commune patriotique. Les discours des années 1930 empruntent également à la thématique versaillaise : la Commune n'est parfois même pas citée ou elle est rabaissée à un «égarement» insensé. Les communards sont réduits à des victimes passives invoquées à seule fin de flétrir une république honnie.

* *Ibid.*, p. 195.
** Rébérioux Madeleine, « Le mur des Fédérés », *op. cit.*, p. 639.
*** Burrin Philippe, *La Dérive fasciste. Doriot, Déat, Bergery 1933-1945*, Seuil, 1986.

Du côté des éléments conservateurs ou réactionnaires attachés à l'ordre établi, certains indices soulignent la persistance – ou la réactivation – d'une mémoire versaillaise. Un document rare permet d'interroger la présence de la Commune dans un groupe socialement conservateur : les officiers supérieurs de l'armée. En 1932, le général Voiriot, chef d'état-major du général Prételat, commandant militaire de la Région de Paris, écrit un rapport confidentiel : *Note sur la défense de la région parisienne contre l'ennemi intérieur en temps de guerre**. Ce manuel de contre-insurrection s'appuie constamment sur la « Commune de 1871, de toutes les insurrections la plus riche d'enseignement** », citée 17 fois en 60 pages. Le début de la note présente la doctrine insurrectionnelle communiste et s'appuie davantage sur la révolution d'octobre 1917, mais celle-ci est « basée historiquement sur l'expérience de la Commune*** », souligne l'auteur. Dès qu'il expose les modalités pratiques d'une contre-insurrection face à une révolution immédiate, la Commune devient sa principale source, une référence pour la victoire des armées régulières dans une situation de guerre des rues parisiennes. Voiriot est indubitablement imprégné d'une culture historique réactionnaire, évoquant « l'or anglais » pour expliquer la défaite des armées napoléoniennes en Espagne ou s'inquiétant, tel Barrès, de la présence de nombreux « déracinés » dans la capitale****. Son

* Service historique de la Défense (SHD), 9N366, maintien de l'ordre.
** *Ibid.*, p. 30.
*** *Ibid.*, p. 22.
**** *Ibid*, pp. 30, 27

analyse de 1871, ou du fait insurrectionnel en général, reprend les plus violentes thématiques versaillaises. «L'émeute» du 18 mars a été menée à l'instigation de « quelques clubs » abritant des « agitateurs et meneurs qui constituent l'âme de la révolution ». Ceux-ci ont immédiatement enflammé une partie de la population parisienne – où les « indésirables de toute provenance » pullulent –, marquée par son « caractère léger et versatile » et animée « par la satisfaction immédiate de [ses] appétits* ». Au-delà de ces clichés abondamment ressassés par la prose versaillaise, qui amplifiait elle-même les discours réactionnaires du XIXe siècle, le général Voiriot se distingue nettement par une connaissance assez précise de certains détails de la guerre contre Paris en 1871. Cette insistance sur la Commune est-elle le fruit de la persistance d'une mémoire versaillaise au sein des milieux conservateurs ou d'une redécouverte de celle-ci en réaction au discours communiste? Il est difficile de trancher. Ce général, qui semble assez familier de l'histoire d'un XIXe siècle dans lequel il est né, se réfère également trois fois aux révolutions de 1830 ou de 1848. Mais son rapport reprend aussi explicitement les conclusions léninistes relatives à l'inorganisation des communards**, un jugement qui peut d'ailleurs s'accorder avec la thématique versaillaise de l'anarchie au pouvoir. La référence communiste à 1871 a sans doute ravivé la mémoire versaillaise, et ce rapport contre-insurrectionnel

---

* *Ibid.*, pp. 9, 24, 30.

** *Ibid.*, p. 41.

se caractérise en conséquence par une circulation de discours pourtant politiquement inconciliables.

Voiriot actualise cette mémoire contre-révolutionnaire en anticipant ce à quoi pourrait ressembler la Commune du XX^e^ siècle. Elle serait manifestement bien plus dangereuse. Menée par un parti communiste parfaitement organisé et discipliné, elle pourrait s'appuyer sur de nombreux Parisiens à l'esprit frondeur, sur les ruraux déracinés, les repris de justice, les étrangers et « les gens de couleur », notamment les Nord-Africains. Si la Commune reste l'œuvre des étrangers, les figures honnies ont un peu évolué depuis 1871. Le danger vient à présent des communistes et des immigrés issus des colonies. Cette nouvelle révolution serait d'autant plus redoutable que les foyers insurrectionnels ne sont plus au « Panthéon, à Belleville ou à Popincourt », mais surtout en proche banlieue. C'est donc l'ensemble de « l'agglomération parisienne qui offre à l'insurrection des facilités que Paris n'a jamais connu jusqu'ici* ». Pour vaincre ce soulèvement d'une violence prédite comme inédite, telle que l'était d'ailleurs déjà la Commune dans le discours versaillais, Voiriot préconise d'organiser la contre-insurrection en empruntant tant aux méthodes qui ont permis à Mac-Mahon de triompher en son temps qu'à la guerre coloniale moderne. Pour ne pas répéter les mêmes erreurs qu'en 1871 (laisser «l'émeute» se déployer), une force militaire contre-insurrectionnelle doit être créée immédiatement. Celle-ci aurait comme

* *Ibid.*, pp. 29, 56.

uniforme « un casque et un gandouré de spahi, de couleur gris muraille* ». Ces unités sont donc assimilées à des troupes coloniales combattant les nouveaux barbares de l'intérieur, ouvriers des banlieues rouges et indigènes de l'Empire mêlés. Les anciens clichés versaillais entrent en résonance avec la psychose du complot communiste et les *topoï* coloniaux. Face à cette guerre civile à venir d'une dangerosité inouïe, cet officier d'état-major anticipe « une guerre des rues » si dure qu'il préconise l'usage du lance-flammes pour investir les immeubles**. Enfin, une fois l'insurrection vaincue, des tribunaux militaires, dont l'organisation est strictement calquée sur ceux de 1871***, seront chargés de parachever l'écrasement d'une Commune qui s'annonce plus organisée, plus étendue et plus métissée.

Néanmoins, dans quelle mesure cette note édifiante est-elle révélatrice – ou non – d'une forte présence de la guerre civile de 1871 dans l'imaginaire des chefs militaires****?

Notons en premier lieu que le rapprochement entre la Commune et les actions communistes de l'entre-deux-guerres est aussi opéré à l'occasion par d'autres acteurs du maintien de l'ordre. Ainsi, après une grève des métallurgistes du Havre, en 1922, un commissaire affirme que « si l'État avait faibli, la "Commune" s'installait

* *Ibid.*, p. 42.
** *Ibid.*, p. 36.
*** *Ibid.*, p. 46.
**** Nous essayons ici d'apporter quelques éléments de réponse à cette question posée par Georges Vidal, qui a étudié la note du général Voiriot. VIDAL Georges, « L'armée française face au problème de la subversion communiste au début des années 1930 », *Guerres mondiales et conflits contemporains* 4/2001 (n° 204), p. 41-65.

au Havre d'où il aurait fallu la déloger. À quel prix*? ». De même, à la suite de la manifestation communiste du 9 février 1934, le rapport de la commission d'enquête mentionne que les affrontements les plus violents ont eu lieu « dans les quartiers de la Commune** ». L'approche du général Voiriot n'est donc pas un cas isolé. Sa note, qui constitue l'analyse la plus poussée du moment en matière de lutte contre l'ennemi intérieur***, circule dans les cercles officiels et n'est donc en aucun cas considérée comme une lubie d'officier fantasmant un *Kriegspiel* réactionnaire. Elle a reçu l'approbation de son supérieur, le général Prételat, qui l'adresse au ministre de la Guerre. Plus important encore, le maréchal Pétain approuve cette note « à la suite d'une communication officieuse qui en a été faite à son état-major**** ». Or, Pétain est un homme du XIXe siècle, profondément marqué par « l'année terrible ». Âgé de 15 ans en 1871, il est interne dans un pensionnat de catholiques intransigeants*****. En 1875, il monte à Paris pour préparer le concours d'entrée à Saint-Cyr et intègre l'école Albert-Le-Grand à Arcueil. Cet établissement tenu par des dominicains est un des lieux de mémoire de la martyrologie de l'Ordre moral. Le 19 mars 1871, cinq prêtres – dont le fondateur de l'école ouverte en 1863 – et seize

* Cité par TARTAKOWSKY Danielle, « 1919-1939 : que faut-il faire de la Commune ? », dans LARGUIER Gilbert et QUARETTI Jérôme (dir.), *La Commune de 1871. Utopie ou modernité ?*, Perpignan, PUP, 2000, p. 200.
** Cité par TARTAKOWSKY Danielle, *Le Pouvoir est dans la rue, op. cit.*, p. 102.
***VIDAL Georges, « L'armée française face au problème de la subversion communiste au début des années 1930 », *op. cit.*, p. 42.
**** SHD, 9N366, maintien de l'ordre. Lettre du général Prételat, novembre 1932.
***** WILLIAMS Charles, *Pétain*, Londres, Little Brown, 2005, p. 28-34.

employés sont capturés par des fédérés. Le 25 mai, les cinq ecclésiastiques et huit de leurs compagnons sont exécutés comme otages. Après la Semaine sanglante, le révérend père Lécuyer, nouveau directeur de l'établissement, entretient la mémoire de ses prédécesseurs, notamment en publiant une brochure : *Les Martyrs d'Arcueil**. Dans une autre publication, il entend également préparer *La Revanche par l'éducation***, la revanche contre les Prussiens et « la revanche aussi contre l'esprit révolutionnaire qui nous a surpris ». C'est dans cette atmosphère que le jeune Pétain prépare Saint-Cyr, où il est reçu en 1876***. En 1940, lorsque la défaite se précise, il n'est cependant pas le seul chef militaire à redouter une nouvelle Commune.

### *La Commune pendant la Seconde Guerre mondiale*

Le général Weygand, commandant en chef des armées françaises, est un « hobereau militaire à l'ancienne, catholique fervent et réactionnaire au sens littéral du terme**** ». Au moment de la débâcle, il est obsédé par la perspective du retour de la Commune et convoque le traumatisme de « l'année terrible » pour essayer d'imposer ses choix stratégiques. Au début du mois de juin, il est plus préoccupé par la lutte à venir contre la subversion communiste que par le combat présent contre l'envahisseur. À la capitulation

* LECUYER Laurent (R. P.), *Les Martyrs d'Arcueil*, V. Palmé, 1871.
** *La Revanche par l'éducation*, A. Le Clère, 1871.
*** WILLIAMS Charles, *Pétain*, *op. cit.*, p. 32-34.
**** CRÉMIEUX-BRILHAC Jean-Louis, *Les Français de l'an 40*, t. I, Gallimard, 1990, p. 586.

militaire il préfère l'armistice, une décision politique censée épargner l'honneur d'une armée qui resterait en ordre de bataille contre l'ennemi intérieur. Le 11 juin, Weygand déclare Paris « ville ouverte », notamment afin d'éviter la réitération d'un siège qui pourrait mener, comme en 1871, à un soulèvement parisien. Pour la même raison, il demande au ministre de l'Intérieur Georges Mandel de renforcer les forces de l'ordre dans la capitale. Celui-ci accepte, craignant pour sa part autant, sinon plus, une subversion des groupes d'extrême droite*. Ces références insistantes à la guerre franco-prussienne n'échappent pas aux opposants de Weygand. Le 12 juin au soir, le président du Conseil, Paul Reynaud, lui répond de façon cinglante « nous n'avons pas affaire à Guillaume Ier mais à Gengis Khan** » et refuse l'option de l'armistice. Le lendemain, un jour avant l'entrée des Allemands dans la capitale, Weygand affirme que le PCF a pris le pouvoir à Paris, sous la direction de Thorez, revenu secrètement d'URSS. Plus la situation se dégrade, plus sa hantise d'une résurgence de la Commune vire à l'obsession et altère son discernement ou le pousse à des manipulations grossières pour emporter la décision***. Il n'en est plus réduit à de telles extrémités lorsque Pétain est nommé président du Conseil. Ce dernier, qui associe également avec force la «débâcle» et « l'année terrible », décrète l'armistice et exhorte la France à l'expiation. La mémoire versaillaise de la Commune, ravivée par la mémoire communiste, est

* *Ibid.*, p. 565.
** *Ibid.*, p. 590.
*** *Ibid.*, p. 593.

indubitablement un des éléments, parmi bien d'autres, guidant les choix de deux des principaux acteurs de la mort de la IIIe République*.

Si les pétainistes sont à l'évidence plus proches de l'Ordre moral que des fédérés, les collaborationnistes les plus fanatiques n'hésitent pas à se référer ponctuellement à une Commune qu'ils interprètent en un sens hitléro-compatible. En mai 1944, le Parti populaire français (PPF) de Jacques Doriot se rend au mur en un famélique cortège pour y déposer une gerbe en hommage aux morts de 1871 et à ceux du front de l'Est**. La distorsion du passé atteint ici son paroxysme. Associer des fédérés morts en défendant une certaine idée de la République – après avoir combattu les Prussiens – à la division Charlemagne révèle un écart absolument vertigineux entre ce que fut la Commune – ce que nous apprend l'histoire critique de cet événement si l'on préfère – et la construction mémorielle opérée ici par le PPF, absolument fantasmatique. Un assemblage aussi irrationnel était des plus improbables. Il est pourtant advenu***. Au

* GILDEA Robert, *The Past in French History*, New Haven et Londres, Yale University Press, 1994, p. 149 ; JACKSON Julian, *The Fall of France. The Nazi Invasion of 1940*, Oxford University Press, 2003, p. 100-104.

** TARTAKOWSKY Danielle, *Nous irons chanter sur vos tombes*, *op.cit.*, p. 195.

*** Dans un registre similaire, en 1942, Maurice-Yvan Sicard du PPF tient une conférence, « La Commune de Paris contre le communisme », éditée en brochure. Les communards deviennent les victimes des Juifs qui, après avoir pris possession des postes clés à Paris et à Versailles, refusent la paix généreuse qu'offrait l'Allemagne et poussent à la guerre civile. Une fois de plus, sous prétexte d'honorer les insurgés, ceux-ci restent des victimes passives, ici des Juifs et de la République, confondus dans cette divagation antisémite : « Dans les fosses communes, les corps sanglants du peuple de Paris. À Londres, le Juif Karl Marx qui excite en ricanant. » Voir LE QUILLEC Robert, *La Commune de Paris. Bibliographie critique, 1871-1997*, Boutique de l'histoire, 1998, notice 2338.

crépuscule de la collaboration, le PPF crée une chimère, délire sur des communards dignes de la croix de fer.

Pendant l'Occupation, le rituel de la montée au mur est évidemment interdit à ceux qui souhaiteraient commémorer la révolution républicaine, démocratique et sociale de 1871. Les porteurs de la mémoire communarde ne peuvent plus que l'exprimer secrètement, mais les communistes la mobilisent ponctuellement. Il semble que quelques-uns réussissent à jeter furtivement des fleurs au mur des Fédérés, depuis la rue et par-dessus l'enceinte de la nécropole*. Dans *L'Humanité* clandestine, la Commune occupe une place conséquente dans un journal contraint à une pagination des plus réduites. « Hitler a non seulement peur des vivants mais des morts. [...] Hitler a peur des communards qui donnèrent un impérissable exemple de lutte patriotique et révolutionnaire », peut-on ainsi lire en mai 1942. Cet article assimile les collaborateurs aux versaillais qui ont capitulé à travers des intertitres éloquents : « Bismarck et Thiers associés hier contre la Commune » ou encore « collaborateurs d'hier et d'aujourd'hui** ». La dimension patriotique de la Commune, née elle aussi dans un pays vaincu et occupé par l'Allemagne, est mise en avant après 1941***. L'insurrection de mars 1871 devient l'aurore du peuple de l'ombre.

* Cette information est rapportée au colloque de Perpignan par Raoul Dubois, adhérent au PCF, résistant, vice-président des Amis de la Commune. À l'évocation de ce souvenir, lors des discussions, il fond en larmes. LARGUIER Gilbert et QUARETTI Jérôme (dir.), *La Commune de 1871. Utopie ou modernité...*, *op. cit.*, p. 215.
** Cité par BOWD Gavin, *Le Dernier Communard. Adrien Lejeune*, L'Harmattan, 2007, p. 134.
*** LARGUIER Gilbert et QUARETTI Jérôme (dir.), *La Commune de 1871*, *op. cit.*, p. 216.

Ce discours ébauché dans la clandestinité se déploie après la libération. En 1945, le défilé unitaire au mur, estimé à 60 000 personnes par la police, est l'un des plus importants de l'histoire. La Commune devient l'un des symboles de la résistance du pays contre un régime illégitime né de la victoire allemande. Le cortège, auquel participe la fille de Zéphirin Camélinat pour rappeler le lien privilégié qu'entretient le PCF avec la Commune, est mené par une délégation des rescapés des camps de concentration, qui défile en entonnant *Le Chant des marais*, suivie par différentes organisations résistantes*. En reliant la défaite de 1871 au succès relatif du Front populaire et à la victoire de 1945, les communistes consacrent l'insurrection parisienne comme une aurore révolutionnaire. En associant la Commune à la Résistance, ils s'efforcent également d'apparaître plus légitimes que De Gaulle, de montrer l'antériorité des héritiers du 18 mars sur l'homme du 18 juin.

### LE CHANT DU CYGNE DU CENTENAIRE

La guerre froide sonne le glas des cortèges unitaires. La SFIO défile seule à partir de 1947, puis se contente, à partir de 1958, d'un modeste hommage de son groupe parlementaire. La Commune redevient le pré carré du PCF, mais son souvenir est supplanté par celui de la Résistance, de ses combats et de son martyre. Les alentours du mur, où s'érigent dès 1946 les premiers monuments

* TARTAKOWSKY Danielle, *Nous irons chanter sur vos tombes, op.cit.*, p. 185.

en hommage aux victimes du fascisme, deviennent le panthéon des communistes. Et le parti qui se réclame toujours des 30000 victimes de la Semaine sanglante peut dorénavant se revendiquer aussi et avant tout comme le « parti des 75000 fusillés » de la Résistance, des martyrs plus récents et dont le sacrifice a œuvré pour la victoire. En conséquence, les communistes n'investissent plus autant le mur, leurs cortèges déclinent peu à peu, et le souvenir de la Commune devient flou pour les militants communistes, surtout la nouvelle génération ayant adhéré après la guerre*. Si 27000 militants sont présents en 1948, ils ne sont plus que 16000 l'année suivante. Leur nombre décroît ensuite régulièrement, et seuls 3000 d'entre eux perpétuent le rituel en 1959, qui constitue l'étiage des montées au mur. À partir de 1963, l'appel au Père-Lachaise quitte la une de *L'Humanité*. Puis les cortèges se stabilisent entre 4000 et 7000 participants environ jusqu'en 1967, ce qui correspond à des niveaux de mobilisation comparables à ceux de la période 1880-1908**.

Dans ce contexte de basses eaux mémorielles, le retour de la Commune lors du centenaire célébré en 1971 n'en est que plus impressionnant. Les événements de mai 1968 la réactivent avec force. « La Commune a quitté la nécropole, elle retrouve la rue », note Danielle Tartakowsky.

* Marie-Claire Lavabre, dans son étude sur la mémoire des militants communistes, observe que bien peu de ceux qu'elle a interrogés à la fin des années 1980 se souviennent de la Commune, sauf les plus anciens (ayant adhéré dans les années 1930) et/ou ceux ayant vécu à Paris. LAVABRE Marie-Claire, *Le Fil rouge. Sociologie de la mémoire communiste*, Presses de Sciences Po, 1994, p. 88-97.
** TARTAKOWSKY Danielle, *Nous irons chanter sur vos tombes, op.cit.*, p. 186.

Effectivement, s'il n'y a pas de montée au mur de 1968 à 1970, la Commune investit avec une visibilité et une diversité inédites au XX^e^ siècle l'espace et les discours publics. Une Commune renouvelée, interprétée en une notable polyphonie par la nébuleuse d'extrême gauche, rejouée à défaut d'être revécue, fait irruption dans le débat politique, entraînant des répliques diverses émanant des modérés, des conservateurs ou des réactionnaires. Au-delà des nombreuses manifestations, souvent originales, et des proclamations politiques, une myriade d'articles de presse, d'essais, de romans, de rééditions de mémoires d'insurgés* et même quelques émissions télévisées diffusées par l'ORTF au mois de mai, font de la Commune un sujet d'actualité auquel il est difficile d'échapper**. Le centenaire constitue donc un observatoire privilégié pour saisir l'évolution des mémoires antagonistes de l'événement. Confronté à cette résurgence mémorielle, le PCF entend conserver le monopole de la Commune.

### *« La Commune vivante »*

Le 21 mars 1971, porte de Clignancourt, au pied de la butte Montmartre quadrillée par la police qui en interdit

* Certains de ces ouvrages ont connu un succès éditorial notable. Ainsi la réédition de l'*Histoire de la Commune de 1871* de Lissagaray par François Maspero en 1967, suivie de quatre retirages jusqu'en 1970, s'est vendue à 47 500 exemplaires de 1970 à 1976. Voir HAGE Julien, *Feltrinelli, Maspero, Wagenbach : une nouvelle génération d'éditeurs politiques d'extrême gauche en Europe occidentale 1955-1982*, thèse d'histoire, Jean-Yves Mollier (dir.), UVSQ, 2010, vol. II, p. 770-856.
** WINOCK Michel, *Le Socialisme en France et en Europe. XIX^e^-XX^e^ siècles*, Seuil, 1992, p. 216. Les passages sur la Commune reprennent deux articles de l'auteur publiés à la fin de 1971 dans *Esprit* et *Le Monde*.

l'accès, le collectif Commune vivante – émanation du groupe Vive la révolution formé d'anciens de la Ligue communiste et de Vive le communisme – veut ressusciter l'esprit des communards lors d'une manifestation festive autour du slogan : « Comment serait Paris s'il était libre ? » Pour y répondre, la fanfare des Beaux-Arts joue de la musique pop sur l'un des trois camions du collectif. Ces véhicules arborent, outre un gigantesque buste de Marx en papier mâché, des banderoles explicites comme « la Commune refleurira » ou « Pompidou-Thiers ». Au début de l'après-midi, ces 400 gauchistes sont rejoints par environ 3000 curieux et passants, attirés par ce carnaval politique. La fête dure une bonne heure. Des farandoles serpentent au milieu des drapeaux rouges ou noirs, les « vive la Commune ! » sont ponctués de jets de confettis ou de serpentins. Saynètes et prises de parole se succèdent. Puis arrivent les CRS, accueillis aux cris de « CRS-versaillais ! » Ils chargent et atteignent le camion de l'orchestre, dont ils brisent les instruments. La Commune vivante riposte et affronte violemment la police jusqu'à 20 heures, dans le nord du XVIIIe arrondissement, en remontant vers Barbès : une voiture brûlée, 86 interpellés, 27 blessés dans les rangs de la police*.

Cet assaut symbolique de la butte Montmartre est le point d'orgue des initiatives militantes de ce collectif. Le 18 mars, un cortège automobile rejoint l'Hôtel de Ville.

* Archives de la préfecture de police de Paris (APP), côte Fc, « Commémoration du centenaire de la Commune », dossier « la Commune vivante »; *Le Monde*, 23 mars 1971.

Sur chaque voiture est accolé un macaron rouge au nom de l'opération du jour : « Commune vivante, transports gratuits. » Les manifestants proposent aux passants de les prendre en stop pour « dire merde aux voitures inoccupées » et afin d'être le plus nombreux possible devant ce « putain d'Hôtel de Ville ». Le même jour, le Mouvement de libération des femmes appelle à prendre d'assaut le jardin du Luxembourg pour obtenir, entre autres, « le libre accès aux pelouses ». La mobilisation gagne l'enseignement. Professeurs et élèves du lycée Thiers de Marseille adressent au proviseur une motion solennelle exigeant que l'établissement soit rebaptisé lycée Jules-Vallès, en vain. Le 20 mai, au lycée Michelet, à Vanves, deux professeurs se voient refuser par le proviseur l'autorisation d'organiser une « fête pop ». De légers heurts avec la police s'ensuivent. Même refus au lycée Hoche de Versailles le 24 mai. À l'École normale supérieure de Fontenay, quelques meubles sont brisés lors d'échauffourées entre des étudiants et la police*.

Le manifeste du collectif La Commune vivante expose une lecture renouvelée d'une Commune devenue festive, très loin de l'insurrection martyre décrite par le PCF, plus portée par le souffle frais de Mai 68 que par l'atmosphère mortifère de mai 1871. Cette Commune gauchiste du XX^e^ siècle sera une « utopie concrète », où « le pouvoir [sera] désormais exercé par les conseils élus du quartier »; « les sols expropriés, les résidences secondaires occupées, les

* APP, Fc, « Commémoration du centenaire de la Commune », dossier « la Commune vivante »; Winock Michel, *Le Socialisme en France et en Europe, op. cit.*, p. 217.

professions de promoteurs, agents immobiliers et autres profiteurs de la détresse générale interdites » ; « l'amnistie générale et l'abolition de la peine de mort » proclamées ; les préfectures, commissariats, tribunaux seront dissous, ainsi que la famille ou la division entre « travailleurs intellectuels et manuels ». L'école sera refondée sans distinguer les « cancres » des « bons élèves ». Une attention particulière est accordée aux transports : « Les métros, autobus, trains de banlieue seront gratuits. L'usage des voitures particulières est interdit sur tout le territoire parisien ; la Commune met à disposition [...] un million de bicyclettes à usage libre. » Ce programme assemble donc un idéal politique à portée universelle avec des mesures plus particulières adaptées aux contraintes parisiennes, tout en se réclamant avec force des fédérés, comme l'atteste l'article VIII du manifeste : « L'horreur dite "Sacré-Cœur" » doit être détruite*.

La lecture novatrice de la Commune que traduit cette proclamation politique n'est pas née spontanément de l'effervescence de 1968. Elle est inspirée en premier lieu par le renouveau historiographique des années 1960, dont *La Proclamation de la Commune* de l'historien et sociologue Henri Lefebvre en 1965 constitue un pan majeur. Il analyse la Commune comme étant une reconquête de la ville par elle-même, une reprise de la capitale par ceux qui en avaient été dépossédés par l'haussmannisation**. La

* « La plus belle fête », *Le Nouvel Observateur*, 15-21 mars 1971.

** Lefebvre Henri, *La Proclamation de la Commune : 26 mars 1871*, Gallimard, 1965. La thèse de Lefebvre, quoique pertinente, exagère l'exil populaire provoqué par les travaux d'Haussmann, et néglige surtout le poids du contexte

fête libératrice est le corollaire de cette reconquête populaire : « Ce fut d'abord une immense, une grandiose fête, une fête que le peuple de Paris [...] s'offrit à lui-même et offrit au monde », conclut Lefebvre. L'écriture de l'histoire infléchit ici une mémoire militante et ses usages politiques. L'inverse est également vrai. Le travail de Lefebvre s'inscrit dans une tension politique. Ce marxiste antiautoritaire conteste ainsi la mémoire léniniste de la Commune, qui assène qu'une « forte discipline de parti » est nécessaire. Il en conclut l'inverse et expose une Commune plus libertaire. Tout ceci souligne les porosités entre mémoires, histoire et politique ; des porosités qui peuvent être fécondes, *La Proclamation de la Commune* constituant une stimulante avancée historiographique.

La Commune vivante est loin d'être le seul groupe gauchiste à mobiliser la Commune pour contester le PCF. En 1971, cinq cortèges montent au mur entre le 25 avril et le 23 mai. Chacun d'entre eux organise son parcours afin de relier la Commune à une mémoire politique plus récente, parfois immédiate. Le 1er mai, la Confédération française démocratique du travail (CFDT), Force ouvrière (FO) et le Parti socialiste unifié (PSU) partent ainsi du métro Charonne. Le cortège de 12000 participants arbore des portraits de Mao ou de Trotski et des pancartes en soutien au Viêt-cong, tandis que la banderole du syndicat CFDT de l'édition proclame « 1871-1971 : nous irons jusqu'au bout* ». Pas jusqu'au

politique et militaire de « l'année terrible », le siège prussien en premier lieu, la guerre civile ensuite.

* Tartakowsky Danielle, *Nous irons chanter sur vos tombes, op.cit.*, p. 197-200.

mur cependant, car la préfecture a fermé la nécropole. Au moment de la dispersion, certains militants parviennent à pénétrer dans le cimetière, où ils sont pris en chasse par les CRS entre les tombes. À la même période, la SFIO réunit un cortège de 8 000 personnes qui défile sans encombre de la place Léon-Blum jusqu'au Père-Lachaise. La plus impressionnante démonstration de force est le défilé organisé par la Jeunesse communiste révolutionnaire (JCR), qui appelle au mur le 16 mai « pour que vive la Commune » [voir illustration XI]. Trente mille personnes y répondent, dont de nombreuses délégations étrangères invitées par les organisateurs. Craignant des troubles, la police refuse que la manifestation parte de la rue Gay-Lussac. Le départ d'un cortège pavoisé de plus de 3 000 drapeaux rouges a lieu place des Fêtes dans une ambiance très animée, une « kermesse héroïque », titre non sans sarcasmes *Le Nouvel Observateur**. Mais, dès qu'ils sont rentrés dans la nécropole, les trotskistes se plient aux rituels séculaires de ce cimetière politique. Un journaliste observe, surpris : « Des gauchistes respectueux [...] chantonnant *L'Internationale* mais en sourdine seulement, [...] le casque à la main, à la demande des organisateurs**. »

Les organisations libertaires ne sont pas en mesure de mobiliser d'aussi denses cortèges. Alors même que les relectures antiautoritaires de la Commune auraient pu les

* *Le Nouvel Observateur,* 24 au 30 mai 1971. Pour étayer son titre, cet hebdomadaire relève que les organisateurs ont vendu « 40 000 canettes de bière », récoltant 10 millions d'anciens francs pour financer la JCR. Interrogé sur les bénéfices de la buvette, alors qu'il entend plutôt faire revivre la Commune, Alain Krivine dénonce cette vision « journaliste-bourgeoise ».

** *Le Nouveau Journal,* cité par TARTAKOWSKY Danielle, *Nous irons chanter sur vos tombes, op. cit.*, p. 199.

renforcer, leur visibilité est limitée. La principale manifestation est un meeting à la Mutualité organisé sous l'égide d'un « comité Commune », regroupant pour l'occasion la Confédération nationale du travail (CNT), l'Organisation révolutionnaire anarchiste (ORA) et la Tribune anarcho-communiste. En outre, des militants anarchistes interviennent ponctuellement dans les manifestations des autres organisations. Ainsi, en mars, lors d'un rassemblement à la Mutualité mêlant socialistes, syndicalistes et trotskistes, des militants de l'ORA interpellent François Mitterrand en le traitant de «versaillais». La mouvance anarchiste conteste également vivement la captation du PCF en commémorant en même temps le centenaire de la Commune de Paris et le 50e anniversaire de la « Commune de Cronstadt » ou en ironisant, comme dans *Le Monde libertaire* : « Louise Michel aurait successivement approuvé les procès de Moscou, la déstalinisation, Prague et l'assassinat de travailleurs polonais par des chars progressistes*. »

Ces commémorations en ordre dispersé ont comme point commun d'attaquer frontalement le PCF, qui se considère comme l'authentique dépositaire de la Commune. En appelant à une Commune moderne, révolutionnaire et festive, elles contestent la discipline et le martyre qui émanent de la mémoire communiste; elles dénient aux militants du parti le statut de communards des temps modernes. En appelant à faire vivre la Commune, elles dénoncent par

* Sur les libertaires lors du centenaire, voir WINOCK Michel, *Le Socialisme en France et en Europe, op. cit.*, p. 221-224, *L'Express*, 29 mars-4 avril 1971 ; et entretien de l'auteur avec Aimé Marcellan, octobre 2012.

ricochet la fossilisation entière du PCF. Mais ces usages du passé soulignent tout autant la désunion de la gauche radicale et de l'extrême gauche. Un siècle après, la Commune sépare plus qu'elle unit les gauches radicales.

### *« À chacun sa Commune »*

Ainsi titre *L'Express* en mars avant d'affirmer que l'insurrection « demeure un mystère, un passage nocturne de l'histoire nationale, une "plaie ouverte" dans le cœur de chaque Français* ». Une allégation aussi péremptoire, faisant de la Commune un autre « passé qui ne passe pas », doit être interrogée. Comment ont évolué les autres mémoires de la Commune, celle des versaillais, celle des républicains modérés et celle des nationalistes révolutionnaires ? Qui s'en réclame ?

Très peu de groupes politiques se réclament encore des versaillais. Les gaullistes qui s'expriment à ce sujet prennent soin de se distinguer d'Adolphe Thiers, de Galliffet ou de l'Ordre moral. C'est donc au sein de l'extrême droite que certains s'affirment timidement comme les fils des versaillais, tels le journal *Minute* ou le périodique maurrassien *Aspects de la France***. Georges Bidault – successeur de Jean Moulin à la tête du Conseil national de la Résistance, fondateur du parti centriste Mouvement républicain populaire (MRP), plusieurs fois ministre de 1944 à 1954, partisan

* *L'Express*, 29 mars-4 avril 1971.
** *Ibid.* ; WINOCK Michel, *Le Socialisme en France et en Europe, op. cit.*, p. 228.

de l'Algérie française et membre de l'Organisation armée secrète (OAS) – somme l'archevêque de Paris de faire « un service solennel à la mémoire des otages [...] à Notre-Dame, au Sacré-Cœur de Montmartre, ou, à la rigueur, à la Madeleine ». Monseigneur Marty lui oppose un refus catégorique : « Il est tentant de s'annexer les victimes et de leur faire dire son propre discours [...]. Je ne peux oublier la mort tragique de Mgr Darboy et des otages [...]. Je ne peux oublier la mort tragique des milliers de Parisiens, morts de faim, morts dans les combats, morts dans la répression*. » Assurément, l'Église catholique, dans sa majorité, a rompu avec la mémoire versaillaise pour adopter un discours pondéré et réconciliateur, plus proche donc d'une mémoire républicaine. Elle se révèle même capable, dans les colonnes de *La Croix*, de reconnaître les outrances conservatrices du clergé en 1871. À la lisière de l'Église officielle, les prêtres ouvriers s'enthousiasment. « L'histoire de la Commune est celle d'une main amicale obstinément tendue à ceux qui n'ont d'autre but que de l'écraser. [...] C'est l'acte de foi d'un peuple qui soulève des montagnes de préjugés », clame en mai le père Jean Cardonnel, l'un des plus célèbres « prêtres rouges » qui, à son tour, considère l'insurrection comme une fête libératrice. Sans être aussi progressiste, la presse catholique regarde la Commune avec une certaine sympathie. L'initiative de Georges Bidault apparaît comme une provocation anachronique, l'ancien exilé de l'OAS est isolé. Il appelle les « silencieux de l'Église » à se réunir à

* *La Croix*, 15 mai 1971.

Saint-Thomas-d'Aquin. Le curé de la paroisse lui ferme les portes au nez*.

Mais si l'on peine à trouver des prises de positions politiques explicites, force est de constater que le discours versaillais est encore perceptible dans la production culturelle, en une continuité apparemment inaltérée depuis 1871. Ainsi, en 1966, l'historien Georges Roux publie chez Fayard *La Guerre de 1870*, qui se conclut par une Commune réduite au « règne de l'incohérence [...], pur phénomène d'anarchie où la bestialité humaine ressurgit », une insurrection « plutôt favorable » aux Prussiens menée par des étrangers et des pétroleuses malsaines**. En 1970, Cécil Saint-Laurent, auteur à succès de la série *Caroline chérie* (qui narre les mésaventures d'une belle aristocrate pendant la Révolution française), publie *La Communarde*, un roman « polisson [...] pour lecteurs de *Playboy* », juge Michel Winock en 1971 dans *Esprit*. Mais sous ces apparentes gauloiseries surgissent des thèmes éminemment versaillais. Les communardes sont ravalées à des femmes frustrées ou hystériques (Louise Michel en virago), au sens où l'entendait le XIXe siècle. Élisabeth Dimitriev passe ainsi son temps à s'offrir derrière les barricades. Telles les pétroleuses de 1871, les communardes de Saint-Laurent transgressent la place assignée à leur nature de femme. Les communards sont réduits à de « petits pitres ou de touchants illuminés » également incapables de contrôler leurs passions.

* Les citations sont extraites de WINOCK Michel, *Le Socialisme en France et en Europe, op. cit.*, p. 226-227.
** Sur cet ouvrage, voir la notice dans LE QUILLEC Robert, *La Commune de Paris, op. cit.*, notice 1053. Ce livre a connu deux éditions en 1966, dont une abrégée.

La Commune est une orgie rouge. En face, Thiers se distingue par le sang-froid propre à un homme d'État. Comment expliquer qu'un siècle après la mémoire versaillaise semble n'avoir rien appris ni rien oublié? Derrière le pseudonyme de Cécil Saint-Laurent se cache Jacques Laurent. Neveu du cagoulard Eugène Deloncle, vichyste, écrivain appartenant au groupe des Hussards, partisan de l'OAS, Jacques Laurent se distingue par un engagement constant à l'extrême droite*. *La Communarde* offre un point d'entrée pour interroger la résurgence, peut-être la persistance, des représentations versaillaises. La « légende noire » de la Commune aurait ainsi pu cheminer de façon souterraine, ressassée dans un entre-soi d'extrême droite, mêlant cercle familial et affinités militantes, indépendamment de toute production culturelle plus récente. Ce point mériterait cependant une étude plus systématique. Mais les clichés réactionnaires n'étaient pas l'apanage de l'Ordre moral, et la prose néoversaillaise de 1971 s'accorde également fort bien avec ces écrivains consacrés qui se voulaient pondérés, mais qui reprenaient les *topoï* versaillais, tel Zola et son emblématique *La Débâcle*. Enfin, les tensions du présent entrent en résonance avec les thèmes anticommunards du XIX$^{e}$ siècle : la pétroleuse lubrique s'oppose à l'émancipation féminine, la description de l'anarchie communarde se mêle à la condamnation de Mai 68.

Néanmoins, les outrances de cette « légende noire » rencontrent désormais peu d'échos, sont cantonnées aux marges

* Ce qui ne l'empêchera pas d'être élu en 1986 à l'Académie française au fauteuil de Fernand Braudel.

réactionnaires, alors que la droite gaulliste, comme les instances catholiques, s'inscrivent dans une mémoire modérée, consensuelle, dans la continuité du discours républicain de la fin du XIXe siècle. Mais celui-ci, tiraillé entre une certaine compassion pour ces républicains patriotes, et une condamnation du désordre et de la guerre civile, était d'un usage complexe, il se distinguait difficilement des mémoires antagonistes et ne parvenait pas à imposer l'oubli apaisant des événements. La question de l'oubli revient en 1971. En mars, *Le Monde* redoute que le gouvernement fasse en sorte que le centenaire soit « un anniversaire clandestin* ». *L'Express* interprète ainsi ce silence initial des autorités : elles « laissent les opposants dresser des autels aux héros morts en espérant que les Français ne retiendront de cette commémoration qu'une idée : la Commune fut une guerre civile qui a fait 30000 morts. Ils espèrent qu'il y a là de quoi faire frémir, aujourd'hui encore, le parti de l'ordre** ». Max Gallo, dans son pamphlet *Tombeau pour la Commune,* plaide pour un oubli politique du mythe de la Commune. Il s'attaque aux communistes qui « pesamment [la] vident de son sang pour la gonfler de leurs vérités anachroniques » et demande à en finir avec une insurrection passée qui occulte les enjeux du présent. Cet appel à l'oubli suscite de vives oppositions. *Le Nouvel Observateur* proclame en couverture « la Commune vivante », et Gilles Martinet*** répond à Max Gallo : « La Commune est vivante, comme

* Billet de Maurice Duverger, cité par WINOCK Michel, *Le Socialisme en France et en Europe, op. cit.*, p. 216.
** *L'Express*, 29 mars-4 avril 1971.
*** Journaliste et homme politique influent, ancien résistant, cofondateur du PSU.

sont vivantes la Révolution française et la Résistance*. » On mesure ainsi la diffusion d'une vulgate communiste évolutive qui, après avoir relié 1871 à 1789 lors du Front populaire, puis à la Résistance lors de la Libération, a façonné une Commune qui peut s'intégrer à l'imaginaire de la gauche entière et cesse de ce fait d'être l'apanage du PCF.

La Commune reste un objet «chaud», politiquement signifiant. Le dossier que lui consacre *Paris Match* souligne le difficile récit de l'événement hors des chemins balisés des mémoires militantes. Ce dossier est un excellent exemple de cette mémoire républicaine qui se veut modérée mais est écartelée, assemblant jusqu'à la cacophonie des représentations antagonistes héritées du siècle passé, ou forgées au présent. La Commune représente certes « soixante-douze jours de rêve et d'utopie ». Mais cet écho aux avancées historiographiques cède vite le pas à un ton méprisant – « tous offrent leur vie pour une aspiration vague qu'ils n'ont pas su définir »; énonce des contre-vérités dignes des plus notables horreurs versaillaises – « à la tête des chefs de la Commune, la "vierge rouge" Louise Michel » ou encore « des enfants allument des incendies ». Le dossier se termine par un portrait de « l'homme qui a "maté" la Commune, monsieur Thiers », qui semble un mal nécessaire**.

À l'extrême droite, tous les anciens de l'OAS ne se réclament pas de Versailles. En 1962, les activistes de l'Algérie française se reconnaissaient volontiers dans la figure de

* *Le Nouvel Observateur*, 15 au 21 mars 1971.
** *Paris Match*, 27 mars 1971.

Rossel, le rigoureux capitaine patriote, l'officier rebelle qui a déserté pour combattre un gouvernement légal abandonnant l'Alsace et la Lorraine*. Plus surprenant, en 1969, l'un des quatre généraux putschistes d'Alger, André Zeller, publie *Les Hommes de la Commune*. Un livre étrange, en partie rédigé en prison, empreint de désillusions, où l'auteur exprime son empathie pour les communards, ces vaincus inoubliables qui se sont insurgés à raison contre l'autorité légale. Un livre qui exècre la répression des vainqueurs, mais aussi un essai écrit par un officier de carrière qui donne des conseils militaires à Thiers ou aux insurgés. Décidément, chacun peut investir la Commune de ses propres attentes. Il est donc une mémoire d'extrême droite qui dispute encore la Commune à la gauche, au nom du nationalisme et de la haine de la République. En 1971, quelques groupuscules ultranationalistes ambitionnent non seulement de monter au mur, mais de le reprendre aux gauchistes. Le Mouvement jeune révolution (MJR, groupe solidariste fondé en 1966 par des anciens de l'OAS métro-jeunes, comptant notamment dans ses rangs Jean-Pierre Stirbois) appelle tous les «nationaux» à manifester au Père-Lachaise le 16 mai à la même heure que les trotskistes. Mais les nationalistes ne sont absolument pas en mesure de disputer la rue aux gauchistes. Le MJR remet *sine die* la prise du mur des Fédérés, envisage un temps de monter des «embuscades» avec des «durs» d'Ordre nouveau le long du cortège de la JCR, puis il y renonce également, selon un policier infiltré**.

* Entretien de l'auteur avec Jacques Rougerie, juin 2012.
** APP, Fc, « Commémoration du centenaire de la Commune », dossier « manifestation du 16 mai des trotskistes ».

En définitive, dans l'ensemble des groupes politiques, si beaucoup se réclament de la Commune, plus encore s'en accommodent. Dès 1970, un des organisateurs de la commémoration communiste, André Leroy, membre du bureau politique, le constatait avec inquiétude : « Il n'y a pratiquement plus de partisans des versaillais. Tout le monde honore la Commune, même ceux qui s'efforcent d'en falsifier les engagements*. »

*Le splendide isolement du PCF*

Les communistes s'efforcent de conserver leur hégémonie mémorielle par une impressionnante mobilisation. Des cérémonies sont organisées dans toute la France, en banlieue rouge notamment. La célébration du centenaire se fait aussi à travers des productions culturelles variées, telle que *La Commune* chantée par Jean Ferrat**. L'acmé commémorative est atteinte le 23 mai lorsque 50000 manifestants défilent au Père-Lachaise. À cette occasion les cendres d'Adrien Lejeune sont dispersées au pied du mur, et une stèle est inaugurée au cœur du panthéon communiste : « Adrien Lejeune / dernier communard / décédé à Novossibirsk URSS / 1942. » La biographie édifiante du dernier des insurgés vivant en fait « l'incarnation du parfait communard » : né en 1847 à Bagnolet, présent le 18 mars,

* Bowd Gavin, *Le Dernier Communard, op. cit.*, p. 157.
** Jean Ferrat chante la Commune aurore : « Il y a cent ans, commun Commune, comme un espoir mis en chantier » et la Commune martyre : « Comme un espoir mis en charnier, ils voyaient mourir la Commune. »

il combat sur la dernière barricade. Condamné, vaincu mais non soumis, il aide ses camarades à s'évader, intègre la SFIO dès 1905 puis le PCF en 1922. En 1926, il part à Moscou, sa « seconde patrie », où il est logé à la Maison des vétérans de la révolution. Évacué à Novossibirsk en 1941, il exhorte l'Armée rouge par des appels lus sur le front. Sa dernière lettre aux soldats date du 31 décembre 1941. Il meurt le 9 janvier*. Ce tardif éloge funèbre est censé réaffirmer la filiation privilégiée du PCF avec la Commune, son lien vivant, car de nombreuses personnalités du parti auraient eu « l'honneur de lui rendre visite au soir de sa vie, [pour entendre] avec quelle clarté et quelle force il se représentait le rôle historique du prolétariat soviétique comme relayeur du flambeau de la Commune** ». La distinction entre les vivants et les morts s'estompe, les communistes se proclament les seuls en lien avec une Commune vivante.

Mais la vie du communard Lejeune, loin de ce qu'en propose l'hagiographie communiste, relève plus du village Potemkine. Selon les minutes de son procès, il est décrit comme un libre-penseur vindicatif abusant de sa petite autorité d'employé à la mairie de Belleville, travaillant au service d'approvisionnement. Pis, cherchant à s'enfuir le 22 mai, il est arrêté par des insurgés, porte de Vincennes, et conduit à la prison de la Roquette, où il demande alors à combattre, sans doute par peur d'être exécuté par les fédérés. Les juges versaillais le condamnent à cinq ans de prison, uniquement

* Bowd Gavin, *Le Dernier Communard, op. cit.*, p. 20.

** Institut Maurice-Thorez, *Voici l'aube. L'immortelle Commune de Paris*, éditions sociales, 1972, p. 10.

pour avoir tenu un emploi civil sous la Commune. D'une discrétion qui confine à l'invisibilité en exil puis à son retour en France, il ne se distingue que tardivement, du seul fait de sa longévité, au moment où il part en URSS. Pendant les années 1950 et 1960, le communard de Novossibirsk est ignoré par la mémoire du PCF, non seulement parce que son protecteur André Marty (fils d'un insurgé de la Commune de Narbonne) est exclu du parti, mais surtout du fait du moindre investissement des communistes à cette période*.

Au-delà de ce culte des morts rendu par le parti, l'institut Maurice-Thorez organise un impressionnant colloque historique : « Voici l'aube. L'immortelle Commune de Paris. » Une atmosphère brejnévienne se déploie sous les ors du Sénat dès l'ouverture du colloque par Georges Cogniot, président délégué de l'institut : « Nous ne demandons à personne de pratiquer ici le désarmement idéologique, et encore moins la restriction mentale. En revanche, personne ne s'étonnera que les rapporteurs [...] proposent aussi, quand l'état de la recherche le permet, des solutions, et que ces solutions soient conformes aux conceptions marxistes-léninistes**. » Des intervenants prestigieux extérieurs au PCF, censés garantir la « lutte des opinions », servent de caution, tels le socialiste Guy Mollet ou l'incontournable mandarin Ernest Labrousse, à qui échoit l'honneur de deux communications. Mais le dogme communiste est ressassé sans être altéré pendant trois jours, la filiation de la Commune avec les luttes du XXe siècle

* Bowd Gavin, *Le Dernier Communard, op. cit.*, p. 43-66.
** Institut Maurice-Thorez, *Voici l'aube, op. cit.*, p. 11.

aussi. Ainsi le colonel Rol-Tanguy, eu égard à son rôle dans la libération de Paris, est-il le rapporteur qualifié pour conclure sur les « aspects militaires de la Commune ».

Dans ce colloque international, où l'histoire est asservie à la politique, la présence de nombreux responsables politiques et universitaires venus des partis frères souligne que le centenaire d'une Commune aurore, guidant résolument les démocraties populaires, a été commémoré dans l'ensemble du bloc de l'Est. Vladimir Ruml disserte sur « la Tchécoslovaquie socialiste fidèle à l'esprit de la Commune », tandis que Kostadine Baitchinsky affirme que « la cause de la Commune l'a emporté en Bulgarie socialiste ». Dans l'intervention « Pour votre liberté et la nôtre! », Tadeusz Wrebiak, responsable de la section de propagande du comité central du Parti ouvrier unifié polonais, explique que l'expérience de la Commune vue par le marxisme-léninisme a permis à l'État polonais de mettre rapidement fin aux « phénomènes négatifs » apparus à la fin de l'année 1970, comprendre la grève des chantiers navals de Gdansk et de Gdinia. Les représentants de la République populaire de Mongolie sont à l'honneur au moment où, alors que les tensions sino-soviétiques sont des plus vives, la Chine maoïste commémore le 18 mars en accusant les «rénégats» du Kremlin d'usurper la Commune*. Jigmidiin Namsraï, collaborateur de l'Institut d'histoire du parti révolutionnaire mongol, rappelle que la révolution mongole est « sous l'influence des idées de la Commune et d'Octobre », ce que confirme son compatriote

* WINOCK Michel, *Le Socialisme en France et en Europe*, *op. cit.*, p. 218.

Balkhajav, professeur de philosophie à Oulan Bator, dans « Unis malgré la différence des époques ».

Sans surprise, Victor Joannès, membre du comité central et directeur de l'institut Maurice-Thorez, conclut : « C'est un colloque qui fera date [...]. Les analyses fondamentales de Marx, Engels et Lénine ont été parfaitement confirmées [...] par les divers orateurs. [...] Notre colloque a bien servi la cause du mouvement ouvrier*. » Jacques Duclos prononce l'allocution finale :

> « Nous, les continuateurs des communards, nous pouvons redire avec le poète communard Eugène Pottier : "Qu'la Commune n'est pas morte ! [...] vive la Commune de Paris !" Vive la grande cause pour laquelle luttèrent et moururent les communards, la grande cause du socialisme ! » *(Tous les assistants se lèvent et font une ovation prolongée à l'orateur**.)*

Après 1971, la suite des événements contredit les propos de ces deux orateurs. Le centenaire de la Commune semble son chant du cygne et le colloque qui fait date est celui organisé par Jacques Rougerie. Dans le même temps, la présence de 1871 dans les luttes sociales s'estompe considérablement, devenant même plusieurs fois fantomatique. L'histoire des mémoires du temps présent, de 1971 à nos jours, est à nouveau l'occasion de sonder les liens entre histoire, mémoire et politique.

---

* Institut Maurice-Thorez, *Voici l'aube*, *op. cit.*, p. 435.
** *Ibid.*, p. 450.

CHAPITRE III

## ENTRE FANTÔME, SPHINX ET CHIMÈRE (DE 1971 À NOS JOURS)

Après 1971, le déclin des usages politiques de la Commune est flagrant. Il ne se produit rien qui puisse être comparé à la conflictualité du XIXe siècle, à la puissance mobilisatrice des années 1930 ou à la résurgence du centenaire, aussi importante qu'impromptue et éphémère. Significativement, les cortèges qui montent au mur deviennent fort clairsemés, se limitent à un acte de fidélité, à une simple commémoration, sans impact d'importance sur les luttes du présent. Il serait tentant d'attribuer simplement ce tournant au seul déclin du communisme ou à celui de la gauche radicale en général. Les mouvements d'extrême gauche sont certes durement éprouvés par l'assassinat de Pierre Overney en 1972, puis par la dissolution de la Ligue communiste l'année suivante, mais le déclin du PCF ne débute qu'au milieu des années 1980. Pour saisir, au moins en partie, la désaffection de la Commune immédiatement après 1971, il est sans doute plus stimulant de s'interroger sur l'impact du tournant historiographique porté par Jacques Rougerie et sur l'évolution des usages sociaux du passé. Mais en déduire que ce passé est maintenant définitivement apaisé serait hâtif. Le centenaire se déploya après plus d'une décennie de désintérêt, et des mémoires que l'on aurait pu croire disparues dans l'indifférence avaient investi avec force l'espace public et politique. Un phénomène comparable pourrait encore advenir. Aujourd'hui, la Commune n'est pas morte, ou, si l'on préfère, n'est pas tout à fait oubliée par les acteurs politiques, comme peuvent l'être, par exemple, les révolutions de 1830 ou de 1848. Interrogeons donc les traces actuelles, les indices attestant de la persistance et de l'évolution des mémoires antagonistes. La Commune n'est plus convoquée sous la forme d'impressionnantes cohortes où les vivants mobilisent sans détour les morts, mais elle résonne toujours, prenant la forme d'un spectre néoversaillais, d'un fantôme postcommuniste, d'une chimère aussi nationaliste que monstrueuse ou encore d'un intrigant sphinx libertaire. Telles sont les notables quoique souvent évanescentes manifestations de la Commune dans l'histoire du temps présent, celui où nous rédigeons ces lignes ; ce « passé-présent » où pourraient se confondre analyses et engagements. Exercice ardu qui nécessite de mobiliser plus fermement encore les outils de l'historien, la rigueur et la distance critique en premier lieu.

## UN PASSÉ APAISÉ ?

### *L'histoire libérée des usages politiques*

Lorsqu'il publie *Procès des communards* en 1964, Jacques Rougerie renouvelle l'histoire de la Commune et prend ses distances avec l'historiographie marxiste orthodoxe. Il devient un encombrant franc-tireur dans un milieu universitaire où les communistes ont une forte influence. Le colloque qu'il organise en 1971, « Jalons pour une histoire de la Commune de Paris », se déroule dans des conditions difficiles. Dans une petite salle prêtée par le CNRS, les participants peuvent entendre l'incontournable Ernest Labrousse dire à peu près l'inverse de ce qu'il avait affirmé, presque au même moment, au colloque du palais du Luxembourg*. Il n'est pas le seul universitaire non communiste à s'accommoder de la vulgate mémorielle marxisante. En 1964, les jeunes historiens Jean-Pierre Azéma et Michel Winock publient *Les Communards*, petit précis honorable mais qui reprend aussi les antiennes léninistes sur l'excessive modération et l'inorganisation d'une insurrection qui, disent-ils, « mit sa coquetterie à faire la "probe". Au lieu de parler fort, le poing sur la table, on se contenta de marchander** ». La même année, le *Procès des communards* transforme de tels propos en rengaines désuètes***. Jacques Rougerie fait bouger les lignes mais s'attire de solides inimitiés. L'ensemble de sa carrière universitaire en pâtira fortement.

---

* Entretien de l'auteur avec Jacques Rougerie, juin 2012.

** Cité par SERMAN William, *La Commune de Paris, op. cit.*, p. 563. Cet extrait est par ailleurs édifiant dès qu'on le considère en termes de rapport de genre. C'est une Commune féminisée qui est ici condamnée.

*** Le positionnement de Michel Winock est à ce sujet des plus intéressants. L'article qu'il publie dans *Esprit* en 1971 sur le centenaire est un travail d'ampleur, un panorama global d'assez bonne facture et qui signale l'importance novatrice de l'œuvre récente de Rougerie (Winock participe d'ailleurs à son colloque). Mais dans cet article, où un ton souvent primesautier sert une posture surplombante un peu agaçante, Winock omet de citer son propre ouvrage de 1964, rendu immédiatement obsolète par *Procès des communards*, qui est d'ailleurs le seul travail de Rougerie égratigné à la marge dans cet article.

Cet historien est à l'initiative d'un véritable *aggiornamento* de l'histoire de la Commune, considérant les communards non « comme des avatars idéologiques », mais « comme des êtres humains »; mettant en évidence la complexité de l'événement et soulignant le « côté imprévu de ces femmes et de ces hommes de 1871 »; invitant enfin à saisir « leur propre imaginaire [...] non pas le nôtre ni même celui de Karl Marx », rappelle Robert Tombs en 2011*. Ce regard renouvelé sonne le glas d'une Commune aurore et fait émerger une Commune crépuscule, la dernière des révolutions du premier XIXe siècle. C'est pourtant un crépuscule indéniablement vivant. La Commune ainsi mise en lumière est une magistrale leçon d'histoire, d'une histoire qui ne se conçoit pas comme « une longue chaîne successive d'événements [...] allant magiquement d'un point à un autre », mais qui est « intempestive, ironique, saccadée, disruptive », à l'image de la vie**.

Les rigoureux travaux de Rougerie, ainsi que ceux d'autres pionnières comme Édith Thomas ou Jeanne Gaillard, invalident des représentations communistes qui se considèrent elles aussi comme scientifiquement fondées. Plus globalement, en rendant sa singularité passée à une Commune restituée dans sa diversité, ils rendent malaisés les usages militants de cette insurrection. La

* TOMBS Robert, «Conclusion» dans « Regards sur la Commune de 1871 en France », colloque de Narbonne, 24-26 mai 2011.

** Nous reprenons ici les lumineux propos d'Arlette Farge lorsqu'elle cerne globalement (sans se référer à la Commune ou à n'importe quel autre fait historique) à quoi sert l'histoire aujourd'hui. Voir LAURENTIN Emmanuel (dir.), *À quoi sert l'histoire aujourd'hui ?*, Bayard, 2010, p. 76-77.

complexité et la singularité sont des antidotes à l'instrumentalisation. Reste à évaluer l'impact politique précis de ces recherches universitaires. Sur le long terme, il est indéniable. Sur le court terme des années 1970 et 1980, l'affaire est plus compliquée. Un « nouveau rapport social au passé » apparaît et influence les usages publics de l'histoire*. Les « grands récits » unificateurs et téléologiques, le roman national en premier lieu mais aussi son alternative marxiste, déclinent. La finalité progressiste de l'histoire, qui cesse d'être certaine de ses conclusions, semble beaucoup moins évidente. « L'effacement simultané de la nation et du combat de classe comme horizon d'attente [...] libère les usages de l'histoire de leurs assignations précédentes », écrit Patrick Garcia**. Parallèlement se développe une contre-histoire locale qui abandonne peu à peu sa dimension contestataire antijacobine pour exposer un passé apaisé et valoriser un patrimoine local consensuel***. La plasticité des usages de la Commune aurait pu s'accorder avec ces transformations. Mais le centenaire apparaît autant comme le crépuscule des anciens usages sociaux de l'histoire de ces insurgés que comme l'aurore manquée des nouveaux. Le grand récit unitaire marxiste – où le moindre détail sanctionnait, d'une façon ou d'une autre, de radieuses promesses – brille effectivement de ses derniers feux. Mais les nouveaux usages politiques, ceux

* CRIVELLO Maryline, GARCIA Patrick, OFFENSTADT Nicolas (dir.), *Concurrence des passés. Usages politiques du passé dans la France contemporaine*, PUP, 2006, p. 294.
** GARCIA Patrick, « Introduction », *ibid.*, p. 21.
*** *Ibid.*, p. 19.

de la « Commune vivante » notamment, qui font écho aux travaux de Lefebvre ou de Rougerie, ne s'enracinent pas après 1971, alors qu'ils auraient pu porter la mémoire d'une Commune plus parisienne et moins universelle, plus locale et moins providentielle. Or la connexion ne se fait guère à ce moment entre la nouvelle histoire de « Paris, ville libre » et ces nouveaux usages locaux du passé.

Du côté de la recherche, les pistes ouvertes par Jacques Rougerie rencontrent peu d'échos immédiats. La Commune n'est plus une préoccupation majeure du monde universitaire français lors des décennies 1980 et 1990. Ce sont essentiellement des historiens américains et anglais qui prennent le relais*. En 1996, le colloque de Perpignan, à l'occasion du 125e anniversaire, relance la recherche en s'interrogeant : pourquoi ne parle-t-on plus ou si peu de la Commune ? À la fin du XXe siècle, une nouvelle génération d'historiens reprend le dossier. Le succès du colloque de Narbonne en 2011 atteste de ce dynamisme retrouvé. En l'insérant dans des perspectives plus larges, en arrivant à elle à travers des cheminements variés, les études récentes s'intéressent à l'amont et à l'aval de l'événement, décentrent leur regard de la seule Commune de Paris pour s'intéresser à ses échos en province ou à l'étranger, bref, elles l'inscrivent pleinement dans le premier XIXe siècle tout en sondant son originalité.

---

* GODINEAU Laure et CÉSAR Marc, « Présentation des objectifs du colloque », et ROUGERIE Jacques, « Mise en perspective. 1871-2011 », dans *Regards sur la Commune de 1871 en France, op. cit.*

Indubitablement, la Commune reste un sphinx*. Mais la fascination qu'elle suscitait, entre attrait et effroi, s'efface. Les historiens d'aujourd'hui cessent de s'efforcer de répondre catégoriquement aux énigmes de la Commune et, au contraire, s'intéressent précisément au fait que ce sphinx ait une puissante capacité à nous poser des questions, à troubler notre entendement. La relation s'inverse. À notre tour, nous demandons au sphinx impromptu de « l'année terrible » pourquoi il nous interroge.

Cette distance critique affirmée et l'autonomie croissante à l'égard des usages politiques ont mis l'effet de sidération à distance, sauf peut-être sur un point absolument central : le nombre précis des victimes de la Semaine sanglante. C'est sur cette dernière question sensible que s'est penché récemment Robert Tombs. Au terme d'une analyse convaincante, il estime que si la Semaine sanglante reste « le pire épisode de violence contre des civils en Europe occidentale entre les révolutions françaises et russes », son bilan doit être révisé à la baisse, entre 5700 et 7400 morts au lieu de 15000 à 30000 victimes. Une telle affirmation a suscité des débats parfois vigoureux et souvent productifs**, mais n'a pas suscité un émoi important hors du cercle

---

* Quentin Deluermoz propose, très finement, de considérer l'ensemble du premier XIXe siècle en France comme étant « le temps des sphinx », et non la seule Commune qui le conclut. DELUERMOZ Quentin, *Le Crépuscule des révolutions? (1848-1871)*, « Histoire de la France contemporaine », tome III, Seuil, 2012.

** Voir l'article de Tombs synthétisant ses réponses aux différentes questions et contradictions : « How Bloody was la Semaine Sanglante of 1871? A revision », *op. cit.* Pour un aperçu plus précis, se référer à « Response by Robert Tombs on "How Bloody was la Semaine Sanglante ? A revision," », *H-France Salon*, vol. III, n° 1, p. 1-13 and Society for French Historical Studies Conference Panel "Communal Myths?", 12th February 2011: http://h-france.net/Salon/h-francesalon.html

des historiens. Imaginons un seul instant, hypothèse anachronique, qu'un tel article ait été publié en 1936 ou en 1971. L'historien anglais aurait été vraisemblablement confronté à une violente levée de boucliers, assimilé à un perfide versaillais monarchiste (sinon à un fasciste ou à un impérialiste) et instamment prié d'aller compter les moutons le long du mur d'Hadrien plutôt que les communards au mur des Fédérés. Rien de tel ne s'est produit à l'heure actuelle, ce qui souligne que la Commune reste un objet chaud, mais dont l'histoire est effectivement apaisée*. Les plus dubitatifs se demandent malgré tout : à quoi bon recompter les morts ? Or, telle est l'une des priorités du métier d'historien : établir la matérialité des faits, pour ensuite évaluer plus précisément comment la construction des mémoires et les usages politiques du passé mettent en récit l'événement. Si l'hypothèse basse de Tombs est juste, cela peut contribuer à rompre avec la martyrologie de la Commune, à cesser de considérer son histoire comme polarisée par l'horizon tragique de la Semaine sanglante et à approfondir non une fin, qui cessant d'être apocalyptique n'en serait pas moins tragique, mais le processus même de cette révolution, qui est sans doute encore plus intéressant, singulier et exceptionnel que sa chute. La Commune reste unique, réviser la Semaine sanglante ne la dévalue pas. Quant aux acteurs contemporains des luttes sociales, que pourraient-ils craindre finalement ? Sommes-nous condamnés à empiler des morts pour unir les vivants ?

* Rougerie Jacques, *La Commune de 1871*, PUF, « Que sais-je ? », 2009, p. 3.

*La Commune intégrée au roman national ?*

Délaissée par les organisations politiques, la montée au mur est reprise en main par l'Association des amis de la Commune, qui s'impose comme le gardien du temple de la mémoire militante véhiculée par le PCF*. Les deux septennats de François Mitterrand sont vraisemblablement le moment où les usages politiques et les pratiques mémorielles sont les plus faibles depuis 1871**. En ces temps de désenchantement politique, d'affaiblissement des utopies – illustré par l'effondrement du communisme et la capitulation de la social-démocratie face au néolibéralisme –, la montée au mur, comme les autres formes du souvenir de la Commune, atteint son étiage. La gauche au pouvoir intègre cependant furtivement l'insurrection au récit national, mais celle-ci se vide en même temps de sa radicalité politique potentielle. En mai 1981, Pierre Mauroy est le premier chef de gouvernement en exercice à se rendre au mur. Cependant, c'est la montée de François Mitterrand au Panthéon, organisée autour d'une symbolique républicaine plus large, qui reste dans les mémoires. Le jour de son investiture, celui-ci évoque toutefois brièvement la Commune lors de son allocution à l'Hôtel de Ville, mais à des fins éminemment politiciennes. En effet, affirmer que Paris s'est toujours opposé au pouvoir central sert surtout

* Jacques Rougerie et Jean Bruhat essayent en vain en 1975 d'infléchir le discours de cette association, fief communiste depuis 1945. Rougerie quitte les Amis de la Commune lorsque l'emprise du parti sur l'organisation s'accroît encore. Entretien avec Jacques Rougerie, juin 2012.

** *Ibid.*

ici à remercier discrètement le maire Jacques Chirac d'avoir contribué à la défaite de Giscard d'Estaing*.

En 1983, le mur est classé aux Monuments historiques. En 1998, Laurent Fabius, alors président de l'Assemblée nationale, place l'année 1871 aux côtés de 1789, 1830, 1848 et 1936, c'est-à-dire des « valeurs qui nous unissent** ». Mais l'intégration la plus spectaculaire de la Commune à un récit historique unitaire vient de la droite. Le 4 juin 2003, le gaulliste Christian Poncelet, président du Sénat, inaugure en présence des Amis de la Commune une plaque commémorative en hommage aux « insurgés fusillés » dans les jardins du Luxembourg. Lors de son allocution, Poncelet réhabilite sans détour une Commune perçue avec acuité dans sa singularité : « Aujourd'hui, [...] le Sénat, la nation assemblée, réintègrent symboliquement dans le corps, dans le bloc de l'histoire nationale et de notre conscience républicaine les insurgés de la Commune, victimes de dénis multiples et nombreux dans leurs sanglants sacrifices. [Ils] ont toute leur place dans le bloc de notre histoire nationale. » Il loue, sans surprise, le patriotisme des fédérés, qui « en ces jours [...] étaient la France »,

* « Premier contre-pouvoir, face au château du seigneur, l'Hôtel de Ville s'affirme comme la maison commune, vieux face-à-face du roi et du prévôt, de la cour et de la ville, et plus tard en contrefaçon de Versailles et de la Commune », dit Mitterrand, cité par Bosséno Christian-Marc, « Du temps au temps, l'inventaire historique du premier septennat de François Mitterrand (1981-1988) », dans Andrieu Claire, Lavabre Marie-Claire et Tartakowsky Danielle (dir.), *Politiques du passé. Usages politiques du passé dans la France contemporaine*, PUP, 2006, p. 108. Globalement, Bosséno note que Mitterrand se réfère souvent à 1789, à 1936 ou à la Résistance, mais pas à la Commune.

** Discours d'inauguration d'une exposition à l'Assemblée nationale sur « l'Europe des images » consacrée à la révolution de 1848, cité par Tombs Robert, *The Paris Commune 1871, op. cit.*, p. 198.

mais ne s'en contente pas : « La Commune de Paris, c'est le peuple qui demande des comptes à ceux qui ont trop longtemps prétendu pouvoir gouverner mieux que lui, sans lui, et qui n'évitent pas le désastre. C'est la revanche des laissés-pour-compte sur la morgue de ceux qui prétendent savoir. » Puis il évoque la laïcité, l'esprit de responsabilité et l'idéal social qui animaient ces révolutionnaires, pour conclure qu'« il est des inachèvements plus riches de promesses que des accomplissements ordinaires ». Enfin, il accable des versaillais confondus avec la « République, certes conservatrice ou opportuniste, qui cherche à oublier le meurtre rituel qui est à ses origines » et rappelle que cette mémoire anticommunarde a été historiquement portée par « la droite qui vomit ce désordre, qui exprime sa peur du peuple, qui exprime la peur des bourgeois effrayés de tout perdre face à cette irruption spontanée du peuple, des classes laborieuses, des classes dangereuses ». Ces insurgés si républicains, portant « l'exception culturelle » d'une France rayonnante que l'on devine éternelle dans cette allocution, s'organisent certes parfois « d'une certaine manière dans le désordre et l'anarchie », ce que relevèrent des communistes ici moqués pour avoir donné des leçons posthumes à la Commune, avec « le mépris des professionnels pour les amateurs* ». Mais, à l'exception de ces maigres éléments pouvant être rattachés à un imaginaire quelque peu droitier, ce sont bien les vainqueurs

* Le texte complet de l'intervention de Christian Poncelet est disponible sur le site du Sénat : http://www.senat.fr/evenement/archives/D31/cerem1.html

de 1871 qui sont condamnés. La prise de position de ce baron de la droite est aussi politiquement novatrice au regard de sa famille politique que scientifiquement peu contestable. En définitive, de mai 1981 à juin 2003, des personnalités politiques majeures, occupant alors les deuxième, troisième et quatrième rangs dans l'ordre protocolaire de l'État, ont rendu hommage à la Commune. Cependant, à notre connaissance, aucun président de la République ne l'a fait aussi clairement.

L'intégration de la Commune au récit républicain devient complète lorsqu'elle entre explicitement dans les programmes scolaires. Il était possible de la traiter auparavant – elle était d'ailleurs présente dans plusieurs manuels – du fait de l'organisation des programmes en vastes séquences chronologiques, englobant donc 1871, mais elle n'était pas explicitement nommée. Cette absence relative constitue peut-être la dernière trace d'une politique d'oubli initiée au XIXe siècle. De nos jours, si la Commune reste absente des programmes du primaire, elle est mentionnée pour la première fois dans le programme des premières L et ES de 2002 : « On examine comment la France est à la recherche d'institutions capables d'inscrire l'héritage de la Révolution dans la société nouvelle. La présentation des années 1870-1871 – de la défaite à la Commune – permet de souligner cet enjeu. » Concrètement, cela se traduisait par une à deux heures de cours, ce qui est plus qu'honorable. En 2008, elle est citée dans le nouveau programme de quatrième : « Le sens des révolutions de 1830 et de

1848 [...] et de la Commune est précisé », ce qui correspond environ à une séquence d'une heure.

Mais l'histoire des usages scolaires de la Commune, comme celle de ses autres pratiques mémorielles, n'obéit pas à une progression continue, linéaire et irréversible. Elle est au contraire empreinte de discontinuité et d'imprévu, à l'égal de n'importe quel objet d'histoire. Peu de temps après avoir quitté une semi-clandestinité scolaire plus que séculaire, les communards sont effacés, définitivement cette fois, des nouveaux programmes du lycée général appliqués en 2011. Ce nouveau dispositif élude la période 1870-1880 et, plus globalement, marginalise le premier XIXe siècle, ce moment de tous les possibles que clôt une Commune définitivement incongrue au regard d'une histoire républicaine «lisse». Cette insurrection constitue en effet un puissant démenti à l'approche par trop téléologique de l'histoire mise en œuvre dans ces nouveaux programmes. Au lieu d'être édifiés par l'invincible ancrage des institutions républicaines, les élèves auraient pu être sensibles à la richesse des situations historiques et ainsi exercer plus profondément leur esprit critique*. Il est difficile d'évaluer à quel point ce nouvel exil a été regretté par les professeurs, tant ce nouveau programme a suscité une critique globale – et justifiée. Néanmoins, la Commune reste discrètement présente dans au moins trois manuels de première générale, ces objets hybrides à la croisée des

* FOURNIER Éric et DELUERMOZ Quentin, « Le deuxième exil des communards », *Aggiornamento Hist-géo*, 27 juillet 2011, http://aggiornamento.hypotheses.org/463

injonctions de l'Éducation nationale et de logiques éditoriales s'efforçant de satisfaire les demandes (supposées) des enseignants*.

Une discontinuité comparable est perceptible hors du cadre scolaire. Au moment même où cette mémoire qui semblait devenue «froide» est intégrée explicitement aux « valeurs qui nous unissent » sous l'impulsion d'acteurs étatiques divers (personnalités de droite et de gauche occupant des postes prestigieux, Éducation nationale sous des gouvernements de gauche puis de droite), les usages politiques antagonistes de la Commune renaissent, et ce dès la fin des années Mitterrand. Le mouvement social de décembre 1995, que Toni Negri qualifia de « Commune de Paris sous la neige** », entraîne un regain d'intérêt pour les fédérés. Jacques Rougerie se souvient avoir donné plusieurs conférences durant deux ans à des étudiants de Paris-VIII notamment, curieux de connaître la Commune (ce qui souligne en creux l'effacement de 1871 pour cette génération). En 1996, à l'occasion du 125e anniversaire, des cérémonies sont organisées dans les XIe, XVIIIe et XXe arrondissements, passés à gauche lors des élections municipales. À ce moment précis s'ébauche un usage local, strictement parisien, du passé communard. Cependant, celui-ci coexiste toujours avec des perspectives nationales. En juin 1997,

* Voir les manuels de première générale des éditions Nathan de la collection Le Quintrec (p. 300), Magnard (p. 310) et Belin (p. 312).

** Negri Toni, « L'"Empire", stade suprême de l'impérialisme», *Le Monde diplomatique*, janvier 2001. Negri justifie brièvement ce rapprochement en considérant décembre 1995 comme un moment « d'autoreconnaissance subversive des citoyens des grandes villes ».

la victoire de la gauche plurielle est ainsi l'occasion d'une montée au mur un peu plus étoffée que les années précédentes, marquée par la diversité des organisations y participant*. À Paris, sur fond de lutte pour le contrôle de la mairie, la mémoire de la Commune redevient un enjeu, certes très secondaire mais parfois haut en couleur. Le 19 avril 2000, Jean Tiberi inaugure une petite « place de la Commune-de-Paris » à la Butte-aux-Cailles. Cet événement souligne tant l'étonnante persistance de certains débats et pratiques mémorielles que la difficile appropriation de la Commune par une droite au discours manifestement encore confus. *L'Humanité*, outrée par l'initiative du maire, juge la toponymie choisie quelque peu mesquine : « On a négligé de mettre sur la plaque 1871. Place de la Commune-de-Paris est anodin. Place de la Commune-de-Paris 1871 demeure révolutionnaire pour les descendants de l'Ordre moral**. » Il semble encore compliqué de nommer explicitement la Commune de 1871. De fait, lors des débats au conseil municipal, un élu se disant descendant d'un soldat versaillais mobilisé propose d'appeler la place « "À la mémoire des victimes des combats de la Commune" », célébrant ainsi « la mémoire de tous ceux qui, victimes innocentes ou engagées, ont perdu la vie dans ces événements*** ». On retrouve ici la volonté de réduire la Commune à un événement flou, limité

---

* DALOTEL Alain, « Préface » dans LE QUILLEC Robert, *La Commune de Paris*, *op. cit.*, pp. 8-9.

** *L'Humanité*, 21 avril 2000.

*** Conseil municipal de Paris, séance des 12 et 13 juillet 1999, cité par BEST Janice, *Les Monuments de Paris sous la Troisième République. Contestation et commémoration du passé*, L'Harmattan, 2010, p. 236.

à une guerre civile condamnable, sinon la discrète intention d'opposer des communards «engagés» (et donc implicitement responsables du sang versé) à d'autres victimes «innocentes». Le jour de l'inauguration, le maire sortant accumule les bourdes. Dans un discours lu avec hésitation, il s'attire les huées de la foule lorsqu'il vante le « prophète Adolphe Thiers ». Puis, quand Jean Tiberi s'affirme « l'héritier de la Commune et de son esprit », les contre-manifestants couvrent le reste de son allocution aux cris de « Versaillais! versaillais! ». Une femme lui lance même : « Les fédérés n'iront pas voter dans le Ve! », faisant allusion à l'affaire des faux électeurs. Il dévoile enfin la plaque pendant que ses opposants entonnent *L'Internationale**. Sauf à reconnaître clairement, comme Poncelet en 2003, que la Commune fut une république sociale réprimée par une république libérale, la révolution communale de 1871 reste d'un usage malaisé pour la droite, dès qu'elle s'éloigne de la mémoire versaillaise ou de l'oubli républicain. Si Tiberi a cru pouvoir passer pour un rassembleur portant toutes les mémoires parisiennes, il s'est lourdement fourvoyé. La Commune apparaît comme un mythe politique manifestement indéracinable et très clivant, qui ressurgit ces dernières années.

## UN MYTHE INDÉRACINABLE

Pendant près d'un siècle, la montée au mur s'est révélée un baromètre utile pour évaluer la présence de la

---

* *Libération*, 20 avril 2000.

Commune dans les luttes sociales, mais elle pouvait aussi masquer d'autres expressions mémorielles, faire écran notamment à la persistance des mémoires anticommunardes. Par ailleurs, en ce début du XXIe siècle, les nouveaux usages mémoriels de la nébuleuse de la gauche radicale empruntent souvent d'autres chemins que le rituel devenu froid de l'hommage au mur.

### *Néoversaillais et nouveaux cannibales*

Il est une mémoire versaillaise qui n'a définitivement rien appris ni rien oublié et qui s'exprime avec force dans le champ éditorial. En 1985, Stéphane Rials, professeur de droit public, écrit le volume de la prestigieuse « Nouvelle histoire de Paris » consacrée à la Commune : *Paris. De Trochu à Thiers (1870-1873)*. Effacée du titre même, l'insurrection est fermement encadrée par deux hommes d'ordre, et le développement insiste moins sur la Semaine sanglante – sauf pour s'attarder sur des incendies – que sur les actes de pillage et de vandalisme de fédérés volontiers portés sur la bouteille. Cet ouvrage, par ailleurs très érudit, est le dernier exemple en date d'une histoire versaillaise globale de « l'année terrible ». La continuité de cette mémoire contre-révolutionnaire se manifeste encore au XXIe siècle à travers des récits passéistes de l'histoire de France qui, en recopiant des rengaines, prétendent cependant briser des tabous. Ainsi en est-il du récent *Métronome* de Lorànt Deutsch. Sous l'apparente innocence d'une flânerie historique à travers les lieux parisiens se cache une vulgate réactionnaire ponctuée d'erreurs factuelles* dans laquelle la Commune est réduite à quelques lignes invraisemblables : « À coups de canons tirés du haut de Montmartre, la Commune de 1871 tente de détruire cette colonne [Bastille] qui, pour ces républicains extrêmes, reste un symbole d'alliance entre un souverain et son peuple. La colonne reste debout et la République aussi**. » En accordant si peu de place à une révolution réduite à un vandalisme insensé, Lorànt Deutsch perpétue la tradition de la *damnatio memoriae* tout en s'appropriant les plus ridicules rumeurs versaillaises. Par ce livre qui prétend articuler l'histoire de France et celle de Paris, mais qui n'est qu'une succession d'images d'Épinal royalistes, plus d'un million de lecteurs ont eu droit à une Commune réduite à une édifiante carte postale versaillaise. Également proche

*Voir les critiques de William Blanc sur le site « Goliard[s] », http://www.goliards.fr/goliardises-2/la-revolution-version-deutsch-ou-lhistoire-yop/#fn-668-27, et de Christophe Naudin dans « Histoire pour tous », http://www.histoire-pour-tous.fr/livres/67-essais/4031-metronome-lorant-deutsch.html

** Deutsch Lorànt, *Métronome. L'Histoire de France au rythme du métro parisien*, Michel Lafon, 2009, p. 336. Nul besoin d'être un fin spécialiste de la Commune pour se rendre compte du caractère grotesque de cette affirmation. S'ils avaient voulu détruire cette colonne alors qu'ils contrôlaient la ville, pourquoi tirer depuis Montmartre en direction d'un des quartiers les plus acquis aux fédérés ? Si cet épisode est censé avoir lieu dans la confusion de la bataille de Paris, quand auraient-ils pu tirer depuis une hauteur prise rapidement par l'armée régulière dès l'après-midi du 23 mai ? Plus simplement encore, pourquoi utiliser le canon ? Enfin, et principalement, contrairement à ce qu'assène Deutsch, les communards, comme leurs prédécesseurs de 1848, se représentent la colonne, non comme celle de l'alliance du roi et du peuple, mais comme commémorant exclusivement les « braves de Juillet » (1830) tombés pour la république sociale. Ils ne peuvent envisager de détruire un lieu de mémoire qu'ils se sont fermement appropriés. « [Cette] colonne au Génie de la Liberté, c'est le point focal, le point privilégié, le point redouté à partir duquel sans aucun doute se structure l'espace révolutionnaire », écrit ainsi Jacques Rougerie dans « L'espace parisien en 1871 », *Bulletin de l'Institut d'histoire économique et sociale de l'université de Paris-I, Recherches et travaux*, n° 5, janvier 1977.

des milieux royalistes, Jean Sévillia, rédacteur en chef adjoint au *Figaro magazine*, prétend rétablir la vérité scientifique contre le « passé unique » dans *Historiquement correct*, publié en 2003 et vendu à 120000 exemplaires. La Commune est introduite d'emblée comme « soixante-douze jours d'anarchie au cours desquels un pouvoir insurrectionnel a régné par la terreur sur la capitale* ». Cette « tache sanglante », cette «convulsion», est le fait de « migrants de la campagne déclassés et marginaux » qui vivent dans des quartiers où « la misère règne avec son cortège de criminalité, d'alcoolisme et de naissances illégitimes » et qui sont « manipulés par les blanquistes » et les «enragés». Sévillia évoque avec insistance l'alcoolisme des communards. Lors du siège prussien, la nourriture manque mais pas l'alcool, qui, inexplicablement, est disponible à profusion : « L'absinthe dont la consommation a augmenté de 500% fait des ravages. C'est dans une atmosphère enivrée et enfumée que les adhérents des clubs discutent jusqu'à l'aube de la révolution sociale. » Ainsi explique-t-il la naissance de cette insurrection, reprenant mot à mot l'argumentaire des vainqueurs en 1871, tel Paul de Saint-Victor qui écrivait : « L'ivrognerie était l'élément de cette révolution crapuleuse. Une vapeur d'alcool flottait sur l'effervescence de la plèbe. La bouteille fut l'un des "instruments de règne" de la Commune**. » Sévillia est donc incontestablement un néoversaillais, et de la tendance la plus dure. Il fait sien en effet le discours de l'Ordre moral

* SÉVILLIA Jean, *Historiquement correct. Pour en finir avec le passé unique*, Perrin, 2003, p. 202-219.

** SAINT-VICTOR (de) Paul, *Barbares et bandits*, *op. cit.*, p. 249.

en expliquant la débauche des Parisiens par le déclin de la pratique religieuse et surtout en accablant tant la république sociale des communards que la république libérale du 4 septembre, accusée d'antipatriotisme : « Plutôt que de s'affliger de la défaite de la France, les républicains saluent la chute de Napoléon III. » Le gouvernement de la « défense nationale » est réduit aux gesticulations d'un Gambetta qui « excite une propagande qui rendra la défaite plus amère encore ». L'engagement royaliste de l'auteur explique pourquoi il conclut par la violence de la Semaine sanglante : elle sert à flétrir une république qui n'hésite pas à tirer sur le peuple. Sous prétexte de balayer la « légende rouge » de la Commune, Sévillia recopie la « légende noire » élaborée sous l'Ordre moral en prétendant revenir aux faits bruts. Affirmons-le clairement et fermement : ceci relève de la paresse et de la malhonnêteté intellectuelles mêlées.

Ces deux publications ne peuvent être cantonnées à des florilèges réactionnaires insignifiants. Ce sont deux succès de librairie portés et défendus par des réseaux éditoriaux, médiatiques et politiques majeurs*. Leur influence dépasse le cercle d'un lectorat conservateur ou réactionnaire, *Métronome* notamment, pour constituer vraisemblablement une des interprétations les plus diffusées de la Commune aujourd'hui.

---

* *Le Figaro histoire*, prenant la défense de Deutsch, s'efforce d'étayer les propos de ce dernier sur la colonne de Juillet en associant tout simplement une photographie de la colonne Vendôme démolie à une photographie des canons de la butte Montmartre. Ces deux images sont censées valider l'histoire de la canonnade de la Bastille. On souhaite aux journalistes de ce bimestriel de progresser rapidement dans l'usage critique des sources, ne serait-ce que par égard pour leurs lecteurs. *Le Figaro histoire*, n° 4, octobre-novembre 2012, p. 14-15.

Ces néoversaillais s'appuient sur la tradition pour accabler la révolution de 1871 et reprennent donc un récit codifié. Inversement, ceux qui, à droite ou à l'extrême droite, essayent aujourd'hui de s'approprier l'événement (qui reste cependant un élément marginal de leur imaginaire historique) sortent des chemins balisés et «cannibalisent*» la Commune pour l'intégrer à leurs discours. L'usage qu'en fait Nicolas Sarkozy lors de la campagne présidentielle de 2007 l'illustre clairement. La structure rhétorique de ses discours – où la Commune n'est qu'un thème secondaire cité quatre fois seulement – relève du procédé de la litanie : dans cet « usage compulsif de l'histoire [...], personnages et moments historiques débarquent en désordre ». En un empilement hâtif, chaque événement est recouvert par le suivant, amalgamé et décontextualisé. En conséquence, « toute charge idéologique ou tout effet de contexte est gommée et l'historicité se dissout dans la litanie », note Laurence de Cock. Le seul sens que peuvent prendre des références arrachées à la complexité des situations historiques est alors celui qui leur est assigné dans le récit sarkozyen**. Au-delà de la place de la Commune dans l'économie globale de ses discours, ce qu'il dit de l'événement relève d'une vision des plus restreintes. Lors du premier tour, l'insurrection est

* «Cannibaliser», dans le jargon de la mécanique, désigne le fait d'utiliser les pièces d'une machine – la rendant ainsi inopérante – pour essayer d'en réparer une autre déjà hors d'usage.

** De Cock Laurence, «Litanie», dans De Cock Laurence, Madeline Fanny, Offenstadt Nicolas, Wahnich Sophie, *Comment Nicolas Sarkozy écrit l'histoire de France*, Marseille, Agone, 2008, p. 113-115.

associée à ce qui divise l'unité nationale : « La grande cassure révolutionnaire, l'Empire, 1830, 1848, la Commune et la douloureuse séparation de l'Église et de l'État », dit-il. Pire, elle est une « crise sanglante » retardant le redressement de la France après le « désastre de 1870 ». Tout ceci se rapproche de cette mémoire républicaine proche des versaillais qui accusait la Commune d'avoir affaibli la France sous les yeux des Prussiens. Pourtant, Sarkozy infléchit son discours lors du second tour en évoquant les « communards massacrés par Thiers », afin de délégitimer la gauche en la coupant de son passé. Si Arlette Laguiller réagit immédiatement en citant trois fois la Commune dans les semaines qui suivent, Ségolène Royal se contente de vagues allusions à Louise Michel sans prononcer le mot «Commune», soulignant ainsi l'effacement de 1871 dans l'imaginaire historique des socialistes. Mais cette préemption sarkozyenne n'est qu'un hommage en trompe-l'œil : « Objets d'un massacre, les communards sont [...] l'image passive du peuple victime, non des acteurs politiques. [...] C'est peut-être la fonction ultime de ce discours [...] : sous couvert de l'éduquer, présenter au peuple sa propre histoire sous forme de figures victimaires sans autonomie », conclut finement Olivier Le Trocquer*. Or, réduire les fédérés à des victimes passives en oblitérant ce pourquoi ils sont morts rappelle la compassion teintée de mépris d'un Brasillach pour ces Parisiens « égarés [...], premières victimes du régime », à la différence notable que la cible de

* LE TROCQUER Olivier, « La Commune », *ibid.*, p. 58-61.

Sarkozy n'est pas la République, mais la gauche et l'autonomie populaire. La proximité des images est cependant quelque peu troublante.

Les premiers «cannibales» de la Commune appartenaient en effet aux groupes contestataires d'extrême droite des années 1930. Aujourd'hui, c'est parmi leurs héritiers de la mouvance identitaire que ce processus atteint son paroxysme. Tels de modernes docteurs Frankenstein, certains arrachent des morceaux épars de la révolution de 1871 pour créer une chimère, un assemblage monstrueux d'éléments historiques inconciliables et qui, pourtant, prend forme. En 2011, le Projet apache – un groupuscule identitaire parisien, qui, comme le reste de cette mouvance, entretient un rapport ambigu avec le Front national, entre surenchère idéologique et pépinière de cadres –, commémore à sa manière le 140e anniversaire de la Commune. Le 19 mars, à l'aube, un petit groupe se rend sur les marches du Sacré-Cœur et déploie une banderole : « Peuple de Paris souviens-toi du sang versé en 1871 pour la liberté. » Ils la maculent ensuite de 140 litres de jus de tomate. L'arrivée d'un placide balayeur de la Ville de Paris perturbe ce *happening* identitaire. Le mouvement s'accélère, la fin de l'opération commando se fait dans l'agitation. Le départ de l'employé municipal permet enfin aux identitaires de conclure en posant crânement devant leur œuvre*. Cette mise en scène est à première vue très consensuelle. Elle semble même être le triomphe

* L'action a été filmée par le Projet apache : http://www.youtube.com/watch?v=MFgqoh1_USo

posthume des injonctions policières de Lépine : s'il y a des morts, il n'y a pas de tueurs, et la Commune n'est même pas nommée. Mais les représentations des identitaires ne se limitent pas à ce vague discours. La vidéo mise en ligne par le Projet apache a comme bande-son *La Commune*, une chanson du groupe Vae Victis, formation de rock identitaire français, dont les paroles éclairent l'usage de 1871 par cette mouvance. Le patriotisme des fédérés est, sans surprise, particulièrement convoqué, et Vae Victis concède également qu'on « rêve de justice sociale, on chante le temps des cerises ». Tout cela est convenu, l'essentiel du message est ailleurs. Vae Victis chante que « la République des bâtards est née du sang des communards », un slogan repris sous forme de tee-shirt par le Projet apache. Ils reprennent ainsi les usages mémoriels développés par l'extrême droite fascisante des années 1930 : l'hommage aux morts de 1871 cache une haine de la République. Or, cela aurait été inconcevable pour les communards qui luttaient contre ceux qu'ils assimilaient à des monarchistes, des cléricaux, des «galonnés», des «ruraux». Ces insurgés étaient animés, premièrement et avant tout, par une inébranlable mystique républicaine. Le détournement de la matérialité des faits opéré ici est d'ampleur, mais il n'est pas le plus ahurissant. En effet, le refrain répète que les fédérés « crèvent pour te rappeler l'esprit de communauté ». À la fin du morceau, «communauté» est répété dix fois en une insistante litanie. Or, le sens du mot «communauté», dans cette mouvance, est loin d'être anodin. Il renvoie à la *Gemeinschaft*, la communauté organique des anti-Lumières qui s'oppose à la société *(Gesellschaft)* ouverte et démocratique. La *Gemeinschaft* est ensuite accentuée en une communauté raciste par la *Volksgemeinschaft* nationale-socialiste*. Les identitaires associent donc la Commune au moins à un ultranationalisme fondé sur la communauté d'origine, la nation ethnie, ou pire encore, au racisme nazi. Cette distorsion si absurde du réel en fait les héritiers d'un Doriot amalgamant les fédérés et la division Charlemagne.

L'extrême droite la plus dure «cannibalise» sans retenue la Commune, ici en détournant son nom même et en s'appuyant sur son nom seul, pour créer des chimères. Extraire quelques motifs propres à une situation historique singulière pour les greffer sommairement sur des éléments qui leur sont pourtant étrangers se distingue des autres usages mémoriels. Certes, toute mémoire sélectionne ce qui l'intéresse dans un événement pour l'instrumentaliser, mais il y a un gouffre, nous semble-t-il, entre la construction mémorielle des communistes et celle de l'extrême droite fascisante. Les communistes, véritables champions de l'anachronisme mobilisateur et de la critique posthume, étaient finalement aussi encombrés que déçus par la complexité du réel. Mais ils s'appuyaient sur des faits, que leurs historiens connaissaient fort bien, pour les regretter ou pour les transcender. Leurs représentations n'ont rien de commun avec la Commune totalement irréelle de l'extrême droite contestataire. Si la mémoire communiste

---

* CHAPOUTOT Johann, *Le Nazisme. Une idéologie en actes*, La Documentation photographique, 2012, p. 26.

est encore perceptible aujourd'hui dans les pratiques de la gauche radicale, celles-ci évoluent parfois en essayant précisément d'intégrer la complexité de l'événement à des usages militants.

*Un sphinx libertaire*

En 2011, l'importance des commémorations du 140e anniversaire de la Commune de Paris a surpris bien des observateurs, tant par la multiplicité des manifestations que par l'intérêt soutenu d'un public divers. Quatre éléments peuvent être avancés pour expliquer ce retour. Le premier n'est pas politique. La Commune, qui tendait à n'être qu'un vague nom, est redécouverte dans son originalité comme un moment haut en couleur et suscite, tout simplement, intérêt et curiosité. Deuxièmement, la Commune interpelle une gauche qui se recompose, qui recherche – pour une partie d'entre elle – une nouvelle détermination, une nouvelle radicalité, qui veut renouer avec l'utopie. Troisièmement, depuis 2007, la dérive droitière de l'UMP se traduit par l'évocation d'un imaginaire historique des plus réactionnaires. Les usages de l'histoire redeviennent un enjeu politique majeur, et la Commune est à nouveau mobilisée face au retour des discours nationalistes ou cléricaux. Enfin, la Commune fut une révolution parisienne. Un Paris aujourd'hui sous tension, qui se vide de ses catégories populaires plus sûrement que sous Haussmann. Ces quatre intuitions mériteraient cependant une étude plus approfondie. Ce qui est indubitable en revanche, c'est qu'au début du XXIe siècle quelques œuvres culturelles à l'horizon politique affirmé ont contribué, avec un impact inégal, à cette redécouverte militante.

En 2000, le cinéaste Peter Watkins réalise *La Commune (Paris, 1871)*, un film à tout point de vue hors normes, ne serait-ce que par sa durée : cinq heures quarante-cinq minutes dans sa version complète, trois heures trente dans sa version courte ! Il a été tourné avec des acteurs non professionnels, pour la plupart issus du quartier Popincourt (un des foyers de la Commune) et engagés dans les mouvements sociaux ou associatifs. Watkins leur laisse une grande autonomie et leur demande de préparer leur rôle, d'effectuer eux-mêmes des recherches historiques. S'ensuivent, lors du tournage, divers débats sur le sens de la Commune, que Watkins filme et intègre au montage final. Ce faisant, ce film évoque avec acuité ce que fut la Commune : une expérience parisienne singulière, portée par une forme de démocratie directe, par une effervescence souvent productive, parfois désordonnée ; un moment où les comédiens se dirigent eux-mêmes, souverainement, et ne laissent pas à d'autres le monopole de la représentation, que ce soit les acteurs politiques de 1871… ou ceux de cinéma en 2000. Watkins reconstitue donc efficacement une Commune « au ras du sol » en recomposant l'atmosphère des quartiers et des clubs en 1871. Et c'est à juste titre que Jacques Rougerie la « considère comme l'œuvre cinématographique la plus accomplie et la plus remarquable sur la Commune, dont elle restitue extraordinairement le climat, avec une fidélité historique remarquable* ». La Commune ainsi donnée à voir pose avec force le « questionnement libertaire de la démocratie » à l'œuvre en 1871. Ce film est également ancré dans les revendications sociales et politiques de son temps par le recours constant à un anachronisme militant, qui peut prendre la forme d'une critique des médias de masse avec la désopilante « Télé Versailles », de débats politiques très actuels menés par des acteurs en costumes, ou encore par la présence de Maghrébins évoquant la question de l'immigration. *La Commune* de Watkins est à la fois un sphinx libertaire et une œuvre postcommuniste par l'imbrication mobilisatrice du passé et du présent, mais aussi par la redécouverte du regard de Marx sur la Commune, moins étatique que ce que Lénine voulait faire croire. Enfin, à l'image de la Commune, ce film est d'une irréductible singularité. Sa diffusion fut certes limitée, mais sa sortie fit débat, lui donnant une certaine visibilité.

Les quatre tomes du *Cri du Peuple* de Tardi, parus de 2001 à 2004, sont en revanche un incontestable succès de librairie. Cette bande dessinée constitue une saisissante histoire graphique de la Commune. L'érudition de l'auteur reconstitue fidèlement le quotidien de 1871, et le recours à la fiction, loin d'affaiblir le récit historique, le renforce. Ainsi, la séquence du 18 mars, scène

* Rougerie Jacques, « *La Commune* de Peter Watkins », conférence à Belfort en 2007. Cette intervention, comme la plupart de ses articles, est consultable sur son site : http://www.commune-rougerie.fr

d'exposition où apparaissent les principaux personnages, aurait pu voir la trame historique reléguée au second plan. Mais l'événement est très fidèlement restitué, parfois en une seule case, comme lorsque Fil-de-Fer résume l'enjeu symbolique des canons pour le peuple parisien. La circulation des informations, et la mobilisation croissante qui en résulte, s'organise autour des affiches placardées par les versaillais que les insurgés décollent pour faire le tri de la rumeur et empêcher la diffusion de la propagande officielle. Par ce biais, c'est une histoire des pratiques politiques concrètes, une histoire « par en bas », au plus près des mécanismes qui président à un soulèvement, qui est mise en images. Attentif au suspens, Tardi scénarise la tension entre la foule et la troupe, soulignant ainsi la contingence inhérente à chaque événement. À le lire, l'échec de la prise des canons de Montmartre et la mutinerie de la Ligne n'étaient pas évidents au début de l'opération. La suite du récit est d'une égale qualité, s'appuyant régulièrement sur des sources variées, les *Cahiers rouges* de Maxime Vuillaume notamment. Par ailleurs, *Le Cri du peuple* n'élude pas certains aspects négatifs de la Commune, tels que la désorganisation militaire ou la hantise de la trahison entraînant une violence arbitraire de la foule lors de la Semaine sanglante. C'est au sujet de l'exécution des otages que la gêne de Tardi est la plus perceptible, lorsqu'à travers les paroles d'un vieux communard s'adressant directement au lecteur, il affirme que monseigneur Darboy n'était pas un « mauvais bougre ». En définitive, la reconstitution historique est excellente, les erreurs factuelles minimes et les défauts de la Commune évoqués. Mais Tardi est aussi un militant libertaire qui, par des touches subtiles, délivre un message politique clair, parfois convenu lorsqu'il dépeint l'intraitable héroïsme des insurgés pendant la Semaine sanglante auquel s'oppose la sauvagerie dantesque des versaillais. Il insiste également sur la question des femmes, leur accordant une place et une autonomie quelque peu anachroniques. Il considère enfin clairement la Commune comme une aurore libertaire. La dernière vignette montrant deux jeunes survivants – un homme et une femme – déterminés à poursuivre la lutte et clamant « Ni dieu ni maître » est à cet égard transparente. Cette image livre un autre indice graphique. Lili et Ziquet lèvent le poing. Cette posture militante est également récurrente dans les vignettes consacrées à la Semaine sanglante, où, en un ultime défi, les fusillés dressent un poing vengeur préfigurant les luttes antifascistes*.

Dans le champ politique, ce retour de la Commune s'est traduit spectaculairement dans la rue parisienne le 18 mars 2012, lors de la manifestation du Front de gauche, place de la Bastille, organisée dans le cadre de la candidature présidentielle de Jean-Luc Mélenchon. Fort de 120 000 participants, cet événement s'est imposé comme le rassemblement de référence de cette campagne, que les

* FOURNIER Éric, « Tardi et la Commune de 1871 à travers *Le Cri du peuple* : roman graphique ou histoire graphique ? », *Sociétés et représentations*, n° 29, 2010/1, p. 51-64.

deux finalistes se sont ensuite efforcés d'égaler. Dans son discours, le candidat se réfère d'emblée à une Commune qu'il insère immédiatement dans une mémoire militante plus large : la place de la Bastille est aussi le lieu des manifestations républicaines de février 1934 « pour empêcher les fascistes de s'emparer de la patrie », d'une manifestation féministe en 1935 et évidemment de 1789. Puis il évoque « la bonne date » : « Le 18 mars, commencement de la grande et glorieuse Commune de Paris. Voici parmi nous l'ombre d'une femme, Louise Michel [...]. Voici que nous répondons à notre tour à l'appel de Jules Vallès et du *Cri du peuple*, qui concluait [...] par ces mots : place au peuple, place à la Commune ! Et nous ne disons rien d'autre encore aujourd'hui. » L'usage du passé est ici nettement postcommuniste. Le Front de gauche se définit comme l'héritier d'une Commune aurore, et le discours enchevêtre résolument le passé et le présent. Cet anachronisme mobilisateur s'accroît quand Jean-Luc Mélenchon répète quatre fois « Nous sommes le cri du peuple » et associe ce cri à des portions du peuple particulièrement exploitées, tels les « ouvriers et les ouvrières précarisés » ou les « femmes qui mettent au monde des enfants dans les camps de rétention ». Enfin, l'ensemble de son discours, qui appelle régulièrement à « l'insurrection civique » et se conclut par « Vive la sociale », emprunte à un vocabulaire que n'auraient renié ni les fédérés de 1871 ni les communistes des années 1930, qui se campaient en nouveaux « barricadiers ». Néanmoins, quelques inflexions majeures montrent l'évolution des usages de la Commune. C'est à une insurrection pacifique qu'appelle le Front de gauche, pas à une prise d'armes, et, essentiellement, ce regard sur 1871 est placé sous le signe d'une stricte parité auparavant inconnue de la martiale mémoire du PCF. Si la révolution communale est une référence dans l'imaginaire politique du Front de gauche, cette manifestation permet d'interroger la réception du discours, et donc la présence de 1871 dans un échantillon des partisans de la gauche radicale aujourd'hui. Nous étions présents à cette manifestation et, à l'exception de la péroraison scandant les différents « cris du peuple », les références à la Commune n'étaient pas les plus acclamées par les participants. Globalement, les références au passé – à l'exception de celle sur la guerre d'Algérie et « la paix des cœurs » fortement acclamée – mobilisaient moins que les luttes du présent. Un dernier point est à noter. Mélenchon ne s'est absolument pas référé à cet essai de démocratie directe qu'était la Commune et que les études historiques comme les productions culturelles récentes ont mis en avant. Or, il était beaucoup reproché à ce candidat, qui s'en défendait plus ou moins adroitement, de personnaliser à outrance sa campagne. Pour y répondre, le Front de gauche avait imprimé des autocollants « Mélenchon, présidons » afin d'insister sur la souveraineté populaire, sur la fusion promise du représentant et des représentés. Une allusion aux expériences politiques de la Commune aurait peut-être apporté une réponse plus ferme. Ce silence montre les limites du renouvellement du regard.

C'est pourtant dans ce « questionnement libertaire de la démocratie » mis en évidence par Jacques Rougerie que réside sans doute la modernité de la Commune*. Au-delà de son aspect haut en couleur, parfois épique, et du culte des martyrs, qui relèvent tous deux d'un rapport affectif au passé, la Commune pose une question encore fondamentale en démocratie : celle de la représentation de la souveraineté populaire et de l'exercice du pouvoir. *A minima*, ceci peut se traduire en une méfiance envers la démocratie représentative ou une détestation des professionnels de la politique. Mais cette république au « ras du sol », qui s'efforce d'être libertaire au risque assumé d'être anarchique, peut aussi nourrir une réflexion d'ampleur. Héritiers de la « république démocratique et sociale » et du « gouvernement direct de la République », portés par les insurgés du premier XIX^e siècle, les communards sont fermement convaincus que la souveraineté ne se délègue pas, ne se représente pas, mais qu'elle s'exerce. Il en résulte une forme de démocratie directe, partant d'en bas, où les insurgés entendent être leur propre maître, s'autogouverner pleinement. De toutes les insurrections du siècle, elle est celle qui a porté à son point le plus haut cette organisation de la souveraineté populaire, où les représentants ne sont que tolérés par ceux qui les ont élus et où les citoyens entendent participer réellement à l'exercice quotidien du pouvoir. La Commune fait donc écho à l'actuelle « crise

* ROUGERIE Jacques, « Peuple et souveraineté », dans RIOT-SARCEY Michèle, BOUCHET Thomas et PICON Antoine (dir.), *Dictionnaire des utopies*, Larousse, 2006, p. 181-186.

de la représentation » étudiée par Pierre Rosanvallon*. Au peuple abstrait et passif que représente la démocratie représentative s'oppose le peuple concret du corps social. Lors de la révolution communale, une portion de ce peuple concret s'est empiriquement saisie de la souveraineté. En ce sens, la Commune est à même de poser aujourd'hui encore cette question qui reste d'actualité, mais elle ne peut guère apporter de réponses immédiates, tout simplement parce que ces insurgés souverains n'avaient pas le même rapport au monde que nous. Parmi une multitude d'exemples possibles, l'écart le plus frappant réside incontestablement dans les rapports de genre. Même si nombre de femmes jouèrent un rôle actif, personne, en 1871, ne s'est posé la question d'un suffrage vraiment universel et non exclusivement masculin. La domination virile n'a pas été remise en cause par des communards qui se définissaient comme des citoyens travailleurs en armes prompts à exercer leur droit à l'insurrection, ce qui constitue une autre différence majeure avec notre temps, où la prise d'armes est illégitime.

* Cependant ce dernier fait l'impasse sur la Commune dans ses travaux, car, remarque Quentin Deluermoz au colloque de Narbonne, la « démocratie empirique » de 1871 cadre mal avec l'analyse « par en haut » des concepts politiques menée par Rosanvallon.

## CONCLUSION

# À QUOI SERT LA COMMUNE AUJOURD'HUI ?

Donnons une dernière fois la parole à deux des principaux acteurs : Marx et Lissagaray. En un stimulant aphorisme, Marx a vu en la Commune « un sphinx qui met l'entendement bourgeois à si rude épreuve ». On pourrait ajouter que celui des militants politiques et des historiens fut longtemps soumis à une toute aussi rude épreuve. Mais l'entendement était finalement moins important que la force symbolique d'une Commune perçue comme utopique, épique, martyre, prophétique enfin. Tant qu'elle fut plus invoquée qu'entendue, elle a été intégrée avec force aux luttes des XIX$^{e}$ et XX$^{e}$ siècles. Et elle mobilisa à son tour, stimulant les forces de gauche en France et, parfois, contribuant à ses victoires. En conséquence, la « grande mesure sociale de la Commune » fut peut-être moins sa « propre existence » que cette résonance mémorielle favorisant d'intenses usages politiques.

On pourrait alors regretter ce temps qui s'achève vers 1971, celui du mythe de la Commune plus fort que son histoire. Lissagaray lui-même nous mettait en garde dans la préface de son *Histoire de la Commune* en 1876 contre cette erreur : il n'est pas « de plaidoyer meilleur pour les vaincus que le simple et sincère récit de leur histoire [...]. Celui qui fait au peuple de fausses légendes révolutionnaires, celui qui l'amuse d'histoires chantantes, est aussi criminel que le géographe qui dresserait des cartes menteuses pour les navigateurs ». En effet, ceux qui, de nos jours, souhaitent rendre hommage aux communards doivent être fidèles à ce que ces insurgés furent, à ce pourquoi ils se sont battus. Et ceux qui s'investissent en politique gagneraient à méditer cette fonction de l'histoire : saisir la singularité du passé pour espérer comprendre celle du présent. Il est impossible d'enrôler à nouveau des communards morts sous les balles versaillaises il y a plus de cent quarante ans, impossible aussi d'en faire d'anachroniques pourfendeurs du néolibéralisme. Tout ceci ne serait en effet « qu'histoires chantantes ». Il suffit, peut-être, de saisir ce simple fait : ces hommes et ces femmes se sont dressés contre ce qui leur était inacceptable; se sont organisés eux-mêmes, souverainement, au sens le plus fort de ce terme. Ils ont mené leur lutte, à nous de mener les nôtres.

Et tout le reste appartient à l'Histoire.

## POSTFACE À LA DEUXIÈME ÉDITION (MAI 2013)

# ÊTRE EN PRISE AVEC UNE HISTOIRE VIVANTE

La fabrique d'un livre ne se limite pas au moment de son écriture. Il gagne en densité grâce à ses lecteurs. En rédigeant *La Commune n'est pas morte*, puis en le présentant au cours d'une vingtaine de rencontres, j'ai pu dialoguer avec des interlocuteurs venus d'horizons variés et percevoir avec acuité ce que c'est que d'être en prise avec une histoire vivante, une manière de faire qui invite à poursuivre les recherches et à agir sur le monde.

À l'origine, ce livre devait être plus court, un aiguillon, presque une interpellation. Au fil de l'écriture, il est devenu la première synthèse sur les usages mémoriels de la Commune. Ce processus imprévu a permis d'éviter l'écueil que porte en elle la synthèse, celui d'être un monument figé, un bastion où l'historien professionnel délimite son pré carré. Au contraire, j'ai construit *La Commune n'est pas morte* comme un ouvrage ouvert sur le champ historiographique et au-delà. Loin de toute prétention d'exhaustivité, ce livre s'efforce de lancer quelques pistes, de poser quelques balises – de bousculer quelques certitudes aussi. Il se veut une invitation à continuer d'écrire cette histoire des mémoires. Ouvert au plus large public possible également, ce qui est essentiel tant les luttes symboliques autour des usages du passé sont vives. L'histoire pour tous ne saurait être abandonnée à des réactionnaires souriants. Son horizon, du moins je l'espérais au fur et à mesure que l'ouvrage prenait forme, n'était pas d'être soigneusement rangé, une fois lu, dans les rayonnages d'une bibliothèque, mais de permettre au plus grand nombre de participer à cette écriture, un peu à la manière des *history workshops* anglo-saxons.

Ce pari semble d'ores et déjà tenu. Par les dialogues avec des confrères, par des recensions qui enrichissaient le livre de nouveaux éléments, par les rencontres surtout lors des présentations, cette histoire des mémoires de la Commune est maintenant plus riche qu'à l'achèvement du livre. Ces quelques lignes ne sauraient rendre compte de la richesse de ces dialogues. Je ne peux ici que pointer quelques éléments qui me semblent les plus stimulants, mais c'est bien l'ensemble des interventions qui justifient, à mon sens, d'écrire une postface à cette nouvelle édition.

Nous devrions tous relire régulièrement *La Lettre volée* d'Edgar Allan Poe, qui nous apprend que parfois on ne voit pas ce qui est évident. J'aurais ainsi évité la seule omission regrettable de l'ouvrage : en 1999, la compagnie théâtrale Jolie Môme crée *Barricade*, une pièce sur la Commune jouée plus de deux cents fois dans toute la France. C'est par ce spectacle que nous aurions dû commencer l'aperçu de ces œuvres culturelles à l'horizon politique affirmé qui ont contribué au renouveau de la Commune à l'orée de l'an 2000.

Inspirée par la pièce d'Adamov, *Printemps 71* (1961), par les violents textes versaillais recensés par Paul Lidsky, par les chansons du XIXe siècle enfin, *Barricade* met en scène un quartier populaire parisien pendant la Commune, exposant tant les idéaux des insurgés que la violence de leurs adversaires. Par la représentation d'une Commune aurore, par l'usage maîtrisé de l'anachronisme mobilisateur, *Barricade* s'inscrit avec force dans ces mémoires post-communistes de l'insurrection, innovant cependant par une dimension festive, loin de l'austère mémoire du PCF et plus proche donc de la « Commune vivante » de 1971.

Mathieu Léonard, auteur d'un ouvrage sur la Première Internationale*, nous a appris qu'en 1971, justement, dans la nuit du 30 avril, un groupe d'ultragauche avait inscrit à la peinture rouge, au Père-Lachaise : « Trop de massacreurs fleurissent ce mur. » Cet événement, outre qu'il enrichit l'histoire des tensions entre le PCF et l'extrême gauche lors du centenaire, interroge la possible désacralisation du mur pour mieux faire vivre la Commune, attire l'attention sur la pratique du graffiti urbain et invite à une histoire des atteintes faites au mur des Fédérés, de 1871 à nos jours, sur lesquelles nous ne savons finalement presque rien.

La rencontre à la libraire Envie de lire à Ivry fut particulièrement riche également – mais pouvait-il en

* Mathieu LÉONARD, *L'Émancipation des travailleurs. Une histoire de la Première Internationale*. La Fabrique, 2012.

être autrement en ce lieu ? La question de la réception uniforme du discours de l'appareil communiste par la base militante fut débattue. Certains participants ont évoqué leurs souvenirs familiaux en une ébauche d'histoire orale qui mériterait d'être approfondie. Le débat le plus fructueux porta sur la place de l'émotion, de l'affectif, dans les usages politiques du passé par la nébuleuse de la gauche radicale, ici et maintenant. Bien que restant persuadé que le fait de mettre à distance critique notre propre imaginaire politique nous donne des armes et une légitimité dans le combat symbolique contre les instrumentalisations droitières du passé, j'ai quelque peu évolué sur cette question. Notre imaginaire politique – la mémoire comme phénomène de reconnaissance – nous encourage et ce rapport affectif au passé peut sans doute se révéler utile, non dans un rapport critique au monde, mais dans certains moments très particuliers, tel celui décrit avec force par Gérard Mordillat dans son roman *Les Vivants et les Morts*, quand le gréviste Rudi, une des figures de la lutte, est pourchassé par des CRS :

> « Rudi court les yeux brûlants. Il court avec les morts. Ceux dont Maurice, son père adoptif, a peuplé son adolescence. Il fallait qu'il sache, qu'il n'oublie jamais : ni les communards de la Semaine sanglante ni les fusillés pour l'exemple de 17, les mutins de la mer Noire, les grévistes de 36, les volontaires de la guerre d'Espagne,

les FTP-MOI, Manouchian et les autres qui réclament justice depuis l'origine du monde. Ils sont là, dans ses mains, dans ses jambes, dans le bruit de ses semelles sur le bitume, l'encourageant de leurs voix inaudibles. »

Peut-être que la Commune, comme d'autres événements de notre panthéon révolutionnaire, peut aussi servir à ça, au paroxysme de l'action, lorsqu'il faut courir pour résister…

Quoi qu'il en soit, c'est bien la distance critique qui reste le meilleur moyen d'intervenir dans les débats publics sur les usages du passé. Or, par une intéressante coïncidence, ce livre a paru au moment précis où la gauche au pouvoir (re)découvre spectaculairement la Commune et entend la commémorer. L'initiative vient d'en haut. Dès le 9 mars 2013, le gouvernement teste la possibilité d'une panthéonisation de Louise Michel, parmi d'autres candidates. Le 8 avril, plus d'une centaine de députés socialistes déposent une résolution à l'Assemblée nationale pour « rendre justice aux victimes de la répression de la Commune de Paris de 1871 ». Le 25 avril, les sénateurs communistes déposent leur propre résolution mémorielle « pour la réhabilitation de la Commune et des communards » en proposant l'instauration d'une journée nationale de commémoration de la Commune. La situation est inédite. Deux initiatives parlementaires relatives aux usages de l'histoire, proches mais non réductibles l'une à l'autre, entrent en résonance, sinon en concurrence.

Ces trois initiatives résolument consensuelles posent problème, notamment du fait de leur visée consensuelle. La Commune évoquée ici est arrachée à la singularité de sa situation historique propre pour venir renforcer une République aussi vague qu'immanente, elle-même en apesanteur, extraite de l'épaisseur des temporalités. À les écouter, la Commune n'est plus un « sphinx libertaire », mais est enrôlée au service de la téléologie républicaine. Or, passée au tamis de la Commune, la République dessine des lignes de rupture, apparaît sous ses différentes formes, historiquement situées et conflictuelles. L'usage mémoriel de la Commune proposé par la gauche au pouvoir dessine inversement en creux l'image simpliste d'une République « toujours déjà consensuelle », figure d'un récit se substituant à un roman national désormais intenable dans sa célébration d'une « France toujours déjà là » (Suzanne Citron). Il y a donc ici une volonté d'instrumentaliser une référence de radicalité au profit d'un mol imaginaire unanimiste.

Voilà en quoi l'histoire des mémoires de la Commune est aujourd'hui vivante dans le champ politique : elle permet de répliquer, de pointer les incohérences d'un discours, de débusquer des postures faciles et de réintroduire de la tension politique face à cette improbable Commune «normale» que nous propose désormais la gauche libérale.

1. Ernest Coquart et Louis-Léon Cugnot,
*Monument à Thomas et Lecomte* [détail], Père-Lachaise, 1876.

2. Ernest Pichio, *Le Triomphe de l'ordre*, lithographie, 1875.

3. Steinlen, « Au mur des Fédérés – Il faut des régiments pour garder ces morts-là », dans *Le Chambard socialiste*, 6 juin 1894.

6 Pages — 5c

# l'Humanité

JOURNAL SOCIALISTE

Directeur Politique : JEAN JAURÈS

6 Pages — 5c

ABONNEMENTS

## M. BARTHOU EST-IL SATISFAIT ?

L'Hommage
AUX MORTS DE LA COMMUNE

150,000 Manifestants
AU PRÉ-SAINT-GERVAIS

La Protestation
CONTRE LES TROIS ANS

LA DÉMONSTRATION DU PRÉ-SAINT-GERVAIS. — DEUX TRIBUNES

4. Une de *L'Humanité* [détail], 26 mai 1913.

5. Paul Moreau-Vauthier, *Aux victimes des révolutions*, 1908, Paris, square Samuel-de-Champlain.

23e ANNÉE. — N° 10032

DIMANCHE 30 MAI 1926

FONDATEUR JEAN JAURÈS

25 CENTIMES

SERVICE GRATUIT

# l'Humanité

ORGANE CENTRAL DU PARTI COMMUNISTE (S.F.I.C.)

ABONNEMENTS

SERVICE DE PUBLICITÉ

# DEBOUT, PARIS, DEVANT LES MORTS DE LA COMMUNE !

## 1871-1917-19...?

UNE ÉLECTION SYMPTOMATIQUE

## Dans une banlieue conservatrice de Londres un candidat travailliste est élu à une forte majorité

BAZAILLE DIPLOMATIQUE

## Quels sont les "alliés" qui intriguèrent au Maroc ?



## LE MUR

Tout au fond du grand cimetière,
Défunts par les vers dépouillés,
Sous les herbes, verte litière,
Dorment les anciens fusillés.
Cachant les trous de la mitraille,
Couronnes et drapeaux serrés,
Ornent la sinistre muraille,
Dernier abri des fédérés.

Tombe sans croix et sans chapelle,
Sans lys d'or, sans vitraux d'azur,
Quand le peuple en parle, il l'appelle
Le Mur.

C'est là que, traquant leurs victimes,
Lignards, cavaliers, artilleurs,
Prirent ces combattants sublimes
Dans le terrier des fusilleurs ;
Là, qu'au son du clairon tragique,
Sonnant l'hallali dans le bois,
Malgré la défense héroïque
Vint tomber la bête aux abois.

Quand Paris ferme ses paupières,
Chaque nuit, dans l'enclos obscur,
Des râles s'échappent des pierres
Du Mur.

Assassins, l'avenir vous navre !
La révolte va reverdir.
Sur ce sol, de chaque cadavre
Jaillit, l'herbe du souvenir.
Fleuron meilleur de sa couronne,
Gavroche, futur fusillé,
Y trace le mot de Cambronne
Que plus tard il viendra crier :

Bourgeois, quand le blé des revanches
Au cimetière sera mûr
On fauchera vos faces blanches
Au Mur !

Jules JOUY.

COMPOSITION DE LEBEDEFF.

A GENOUX DEVANT LES BANQUIERS

## Briand adopte le programme de la droite et déclare la guerre au Cartel des Gauches

AUJOURD'HUI

## Du Mur à la barricade de Clichy

6. Une de *L'Humanité* [détail], 30 mai 1926.

21e ANNÉE N° 12.947
LUNDI 28 MAI 1934
DEUX ÉDITIONS

LE NUMÉRO : 30 CENTIMES

# l'Humanité

ORGANE CENTRAL DU PARTI COMMUNISTE (S.F.I.C.)

FONDATEUR : Jean JAURES — 138, rue Montmartre, PARIS-2e — DIRECTEUR : Marcel CACHIN

**Ouvrier socialiste AVEC NOUS !**

# CENT MILLE AU MUR !

Quatre aspects de la magnifique démonstration prolétarienne d'hier. De gauche à droite : la foule de milliers d'ouvriers se rassemble autour des drapeaux communistes ; de nombreuses pancartes : « Sauvez Thaelmann ! Les soviets partout ! » émaillent le cortège ; un groupe imposant de pupilles arrivent devant le Mur ; la floraison des drapeaux rouges en tête du quatrième groupe.

CONTRE LE FASCISME ET LA GUERRE

## Une immense foule ouvrière acclame l'Internationale Communiste et le Comité central du Parti

CINQ HEURES DURANT, RETENTISSENT LES MOTS D'ORDRE :
« DÉFENDONS NOS SALAIRES ! UNITÉ D'ACTION A LA BASE ! LES SOVIETS PARTOUT !
NOUS VENGERONS NOS CAMARADES ! »

Six mille socialistes, confédérés, pacifistes et anarchistes défilent après la fin du cortège...

LE GRAND PRIX CYCLISTE DE « L'HUMANITÉ »

[illegible]

A LA RECHERCHE D'AVIONS DE CHASSE

7. Une de *L'Humanité* [détail], 28 mai 1934.

LE NUMÉRO : 30 CENTIMES

LUNDI 20 MAI 1935

DEUX ÉDITIONS

# l'Humanité

ORGANE CENTRAL DU PARTI COMMUNISTE (S.F.I.C.)

FONDATEUR : Jean JAURES — 138, rue Montmartre, PARIS-2e — DIRECTEUR : Marcel CACHIN

Vive Staline chef de la Révolution mondiale !

## PLUS DE 200.000 AU MUR !

### JAMAIS ENCORE PAREILLE FOULE N'AVAIT COMMÉMORÉ LA COMMUNE

La victoire du Front populaire réalisé à l'appel de notre Parti, a fraternellement mêlé durant six heures, communistes, socialistes, pelletanistes, sans-parti, confédérés, autonomes, unitaires, femmes, sportifs, jeunes, écrivains, artistes et anciens combattants aux cris de : A bas le fascisme ! Vive la paix ! Unité d'action ! Les soviets partout ! A bas les deux ans ! Vive l'Internationale communiste ! Vive Staline !

8. Une de *L'Humanité* [détail], 20 mai 1935.

AMNISTIE !
AMNISTIE !
AMNISTIE !

l'Humanité

ORGANE CENTRAL DU PARTI COMMUNISTE (S.F.I.C.)

RÉDACTION ET ADMINISTRATION : 138, RUE MONTMARTRE, PARIS (2e)

DIMANCHE 24 MAI 1936

QUATRE ÉDITIONS

Fondateur : JEAN JAURÈS

Directeur : MARCEL CACHIN

SÉNATEUR DE LA SEINE

AU LARGE

Bateau pirate ou vaisseau-fantôme ?

# " ELLE AURA SA REVANCHE ! "

## Au Mur, à partir de 13 heures, pour fêter la victoire !

Après le Comité exécutif du Parti radical

### A L'ŒUVRE TOUT DE SUITE !

Toutes les conditions sont réunies pour constituer le nouveau gouvernement : les masses attendent qu'on soulage leur misère et qu'on protège leurs libertés

**Maurice Thorez et Jacques Duclos ont conféré hier avec Léon Blum**

### POUR LE PAIN, POUR LA PAIX POUR LA LIBERTÉ !

P. VAILLANT-COUTURIER.

### LES SOVIETS PARTOUT !

A la 9e Chambre

### MAURRAS RÉPÈTE DEVANT LES JUGES SES MENACES DE MORT ET RÉCOLTE HUIT MOIS DE PRISON

Quand Rome prétend dicter ses lois à la République

### MONSIGNOR BERTIN BANQUIER MALHEUREUX ...POUR SES CLIENTS

9. Une de *L'Humanité* [détail], 24 mai 1936.

PARIS
devant ses morts
a dit
sa volonté !

# l'Humanité

ORGANE CENTRAL DU PARTI COMMUNISTE (S.F.I.C.)

RÉDACTION ET ADMINISTRATION : 138, RUE MONTMARTRE, PARIS (2e) LE NUMÉRO : 30 CENTIMES

33e ANNÉE — N° 13.674
LUNDI 25 MAI 1936
DEUX ÉDITIONS

Fondateur : JEAN JAURÈS
Directeur : MARCEL CACHIN
SÉNATEUR DE LA SEINE

A LA RECHERCHE DE L'IDÉE CROIX-DE-FEU

— Nous allons pratiquer l'autopsie...

# 600.000 AU MUR !

**UN DÉFILÉ DE NEUF HEURES :** *Communistes, socialistes, radicaux, chrétiens, syndiqués de l'industrie, des services publics et des administrations, écrivains, artistes, intellectuels antifascistes, anciens combattants, officiers et sous-officiers républicains, sportifs, femmes, jeunes gens et jeunes filles, aux accents des cuivres, aux chants des chorales, ont fait aux héros de la Commune et des journées de Février, l'offrande de leur victoire et de leur volonté d'action !*

## ENTHOUSIASME - FORCE - DISCIPLINE

DE MULTIPLES DÉLÉGATIONS DE PROVINCE SE SONT JOINTES AU PEUPLE DE PARIS

DES DIZAINES DE MILLIERS DE MANIFESTANTS DURENT RENONCER A PÉNÉTRER AU PÈRE-LACHAISE

**Militants et élus ont été frénétiquement acclamés aux cris de :**

**VIVE LE FRONT POPULAIRE ! VIVE L'UNITÉ D'ACTION ! LES SOVIETS PARTOUT ! FAITES PAYER LES RICHES ! AMNISTIE ! DISSOLUTION DES LIGUES FASCISTES ! SAUVONS LA PAIX ! VIVE LE PARTI COMMUNISTE !**

10. Une de *L'Humanité* [détail], 25 mai 1936.

# rouge

hebdomadaire de la ligue communiste

à l'appel de la quatrième internationale
30 000 manifestants
devant le mur des fédérés

pour que vive
la commune !

lundi 24 mai

11. Une de *Rouge*, 24 mai 1971.

## REMERCIEMENTS

*Ce livre n'aurait sans doute pas vu le jour si Claire Barillé ne m'avait pas proposé de donner une conférence sur la mémoire de la Commune en juin 2011 dans le cadre de l'exposition « La Commune de Paris. Une histoire moderne », organisée par le Comité d'histoire de la Ville de Paris. Je la remercie vivement, ainsi que Danielle Tartakowsky, qui m'avait recommandé et qui, par la suite, m'a prodigué de nombreux conseils.*

*Je remercie également ceux qui m'ont fait partager leurs savoirs, suggéré des pistes ou indiqué des références : Patrick Garcia, Laure Godineau, Jean Leduc, Jacques Rougerie, Robert Tombs, Franck Veyron. Ma gratitude va plus particulièrement à Quentin Deluermoz et Guillaume Mazeau qui ont relu et éclairé le manuscrit. Et Laurence de Cock, pour ses relectures, ses encouragements, ses suggestions ; pour sa présence à mes côtés surtout, qui a illuminé bien plus que mon travail.*

*Je remercie enfin les éditions Libertalia, dont l'audace intacte et le professionnalisme affirmé ont contribué à faire de cet ouvrage un beau livre, et Tardi qui m'a fait l'honneur du dessin de couverture.*

## TABLE DES MATIÈRES

*Éric* *Fournier*
La Commune n'est pas morte

*Illustration de couverture*
*par* *Tardi*

*Édition préparée*
*par Charlotte* *Dugrand,*
*Bruno* *Bartkowiak,*
*Nicolas* *Norrito*

*Design graphique et maquette*
*par* *Le Studio américain, Toulouse*
*www.le-studio-americain.com*

*Éditions* *Libertalia*
*21 ter, rue Voltaire, 75011 Paris*
*www.editionslibertalia.com*
*Indicatif éditeur : 978-2-9528292*

harmonia mundi *livre*

*Diffusion et distribution : Harmonia Mundi*

*Reproduit et achevé d'imprimer*

*par l'imprimerie La Source d'Or*

*à Clermont-Ferrand, le 28 mai 2013*

*Deuxième tirage : du 2 001e au 4 000e exemplaire*

*Dépôt légal : 1er trimestre 2013*

*Imprimé en France*

IMPRIM'VERT

PEFC
PEFC/10-31-2008

*Dans le cadre de sa politique de développement durable,*
*La Source d'Or a été référencée IMPRIM'VERT®*
*par son organisme consulaire de tutelle.*
*Cet ouvrage est imprimé - pour l'intérieur -*
*sur papier bouffant "Munken Print Cream" 90 g, main de 1,8,*
*provenant de la gestion durable des forêts,*
*des papeteries Arctic Paper, dont les usines ont obtenu*
*les certifications environnementales ISO 14001 et E.M.A.S.*